Johannes Heine

ICH UND DIE DDR

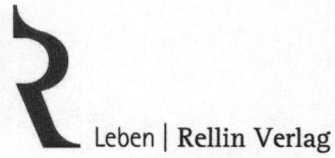

Leben | Rellin Verlag

Autor | Johannes Heine
Reihe Leben | Rellin Verlag
www.rellinverlag.de
info@rellinverlag.de

Impressum

Copyright © 2023 | Rellin Verlag, 16562 Hohen Neuendorf
Autor | Johannes Heine
Reihe Leben | Rellin Verlag
Herausgeberin | Martina Rellin
Gesetzt aus der Rotis
Autorenfoto | Thomas Kube
Druck: BoD, Norderstedt
ISBN: 978-3-9814798-4-3
www.rellinverlag.de
info@rellinverlag.de

Vorab

Enkel sind etwas Wunderbares. Wir haben elf an der Zahl.
Als Oma oder Opa hast du einen Erfahrungsschatz, der dir
hilft, mit so einem kleinen Volk umzugehen. Die Leine ist
viel länger als bei den eigenen Kindern, du siehst über vieles
gelassen hinweg.

Bei unseren Enkelinnen und Enkeln ist vom Lehrling bis
zur Einschulung alles vertreten. Manchmal reden wir auch
über früher. Über kein Telefon und keinen Computer und
auch darüber, dass *wir* als Kinder in jeder freien Minute
draußen waren – unsere Eltern wussten nicht, wo. Aber wir
wussten: Um 6 Uhr müssen wir zu Hause sein.

In diesen Gesprächen habe ich Alter oft gedacht: Viel
weiß die Jugend nicht über die DDR. Das kann man ändern.
Die DDR gab es 41 Jahre und davon war ich 37 Jahre live
dabei. Da gibt es einiges zu erzählen, das so nicht in den Ge-
schichtsbüchern steht, und was merkt man sich besser als
Geschichten aus dem richtigen Leben. „Über mein Leben
könnte ich ein Buch schreiben", sagen manche. Ich habe es
einfach gemacht. Für meine Enkelinnen und Enkel und für
alle, die sonst Freude daran haben, sich mit mir zu erinnern.
Herzlich Ihr

                                        Hannes Heine
heine@rellinverlag.de

Inhalt

Eine gute Kindheit in Cottbus ...

Familie

Lehre zum Dachdecker

Armeezeit

Eine gute Kindheit in Cottbus ...

KARLSTRAßE 30. Silvester 1954 erblicke ich in Cottbus das
Licht der Welt, um welche Tageszeit es war, kann ich mich
nicht erinnern. Meine Eltern werden mich Johannes nennen
und weil mein Urgroßvater Karl hieß und vielleicht auch,
weil wir am gleichen Tag geboren sind, bekomme ich noch
den Karl hinten dran. Um mich interessant zu machen,
könnte ich mich somit Johannes K. Heine nennen, so wie
John F. Kennedy, der bekannte US-Präsident.

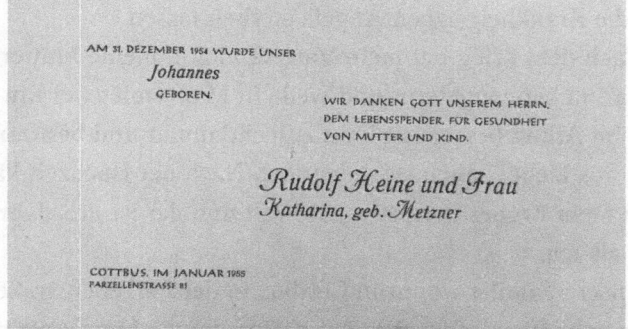

AM 31. DEZEMBER 1954 WURDE UNSER
Johannes
GEBOREN.

WIR DANKEN GOTT UNSEREM HERRN,
DEM LEBENSSPENDER, FÜR GESUNDHEIT
VON MUTTER UND KIND.

Rudolf Heine und Frau
Katharina, geb. Metzner

COTTBUS, IM JANUAR 1955
PARZELLENSTRASSE 81

Mit dieser Karte wurde mein Erscheinen auf Erden
all denen mitgeteilt, die es wissen mussten.

Johannes Karl Heine, das ist doch ein toller Name – vielver-
sprechend. Aber man nennt mich kurz Hannes. Meine Oma,
also die Mutter von meinem Vater, nennt mich Hanselchen.
Sie ist aber die Einzige, die das so macht! Hannes ist kurz
und bündig, man kann es liebevoll sagen, aber man kann es
auch messerscharf hinter mir her brüllen, über den Hof
schallen lassen: „Hannes!" Alle Varianten erreichen bis
heute meine Ohren, in den ersten Lebensmonaten wohl am

häufigsten die Variante eins, mit dem Zusatz: „Hannes –
nein!"

Was zu damaliger Zeit noch ungewöhnlich war: Ich
werde im Krankenhaus geboren. Meine Mutter ist Hausfrau
und mein Vater arbeitet als Hauptbuchhalter bei der Molkerei. Ich habe noch drei Brüder. Der älteste Bruder, Norbert,
ist 18 Jahre älter als ich, also schon ziemlich selbstständig
und lernt Zimmermann. Der zweite heißt Reinhard und ist
zwölf Jahre älter als ich und Fernmeldemonteur von Beruf.
Das mit den älteren Brüdern ist so, weil mein Vater schon
mal verheiratet gewesen ist. Mit einer Angela, aber der Krieg
und die Krankheit haben Angela sterben lassen.

Nach dem Krieg hat mein Vater Rudolph meine Mutter
Katharina kennengelernt und weil ein Mann mit zwei Kindern im Alltag besser mit Frau zurechtkommt und bestimmt
auch aus Liebe, haben sie geheiratet. Nach der Hochzeit kam
dann mein Bruder Bernhard zur Welt und der ist drei Jahre
älter als ich.

Unsere Familie wohnt in Cottbus in der Parzellenstraße
bei meiner Oma in der Wohnung. Oma ist die Mutter meines
Vaters, genauer gesagt, seine Stiefmutter. Die Mutter meiner
Mutter wird Großmutter genannt und so ist der Unterschied
genau definiert.

Es ist eine Drei-Raum-Wohnung, in der wir da leben, mit
Küche und Bad und Balkon und das im dritten Stock. Meine
Oma hat ein Zimmer, wir die anderen zwei, die Küche müssen wir uns teilen. An diese Zeit kann ich mich kaum erinnern.

Als ich fünf war, sind wir in die Karlstraße umgezogen.
Ein ganz tolles Haus mit Erker in der Fassade, die Schilder
an der Klingel und der Briefkastenschlitz waren aus Messing

und glänzten wunderbar. Die Stufen im Treppenhaus waren aus Terrazzo und die Fenster hatten gefärbtes Glas. Die Wohnung bestand aus drei Zimmern, Küche und Bad, hatte zum Hof einen Balkon und war mit einer Etagenheizung ausgestattet. Für DDR-Verhältnisse sehr gehobene Klasse. In dem Haus wohnten der Chef der Bereitschaftspolizei von Cottbus, ein Tierarzt, der 1. Sekretär der Kreisleitung SED Cottbus-Land, ein selbstständiger Taxiunternehmer und der Chef des Wehrkreiskommandos der NVA. Unter uns wohnten in der gleich geschnittenen Wohnung zwei Familien, genau gesagt zwei Ehepaare ohne Kinder. Der ältere Mann war querschnittsgelähmt, Kinderlähmung, und fuhr hin und wieder bei schönem Wetter mit einem Rollstuhl draußen herum. Er war sehr nett.

Unsere Wohnung hatten wir nur bekommen, weil mein ältester Bruder wieder aus dem Westen in die DDR zurückkehrte. Dafür bot der Staat Wohnungen als Lockmittel an. Auf normalem Wege hätten wir niemals so eine Wohnung bekommen, schon gar nicht mit solchen Nachbarn.

Zu unserem Wohnhaus gehörte ein großer Hof mit Garagen. Am Sonnabend wurde im Hof an den Autos montiert und geputzt. Wir hatten kein Auto. Aber es war für mich höchst interessant, diesem Treiben zuzuschauen. Die Automarken hießen *P70, Skoda, Trabant 500* und *Skoda Octavia* als Cabriolet. Wer hatte damals schon ein Auto? Für uns jedenfalls nicht erreichbar!

Auf dem Hof haben wir viel gespielt. Meistens mit den Kindern aus dem Haus. Unser Haus war ein Eckhaus und die eine Straße war eine Nebenstraße. Dieser Straße gegenüber standen Neubauten und dort wohnten sehr viele Polizisten mit ihren Familien. Mit diesen Kindern spielten wir nicht, da gab es immer Streit und manchmal auch handgreifliche Auseinandersetzungen.

Zwei Straßen weiter war eine asphaltierte Straße, auf der wir super mit dem Roller fahren konnten. Wir besaßen nur einen Holzroller, aber immerhin war der schon luftbereift. Einen Hausmeister hatten wir auch im Haus, die Familie wohnte in einer Kellerwohnung. Beide Eltern gingen arbeiten und der Sohn war dann allein zu Haus. Sie hatten einen Fernseher und darum hielten wir uns so oft es ging in dieser Kellerwohnung auf. Die Berichte über die Friedensfahrt sahen wir da und fortan wollte ich auch mit einem Fahrrad durch die Lande fahren. Täve Schur war König der *Friedensfahrt,* später Klaus Ampler, wir haben beide vergöttert und am Bildschirm mitgefiebert, wenn sie bei diesem international bedeutendsten Amateurradrennen in die Pedale traten.

Zum *1. Mai, Internationaler Kampftag der Arbeiterklasse,* wurde die DDR-Fahne aus dem Fenster gehangen. Das machten in unserem Haus fast alle. Am 8. Mai war *Tag der Befreiung,* also vom Nationalsozialismus. Beide Tage waren Feiertage und fielen sie auf Werktage, brauchten wir also nicht in die Schule und die Großen nicht auf Arbeit. Eines Tages war meine Mutter mit der Fahne beschäftigt, obwohl es September war, und außerdem nähte sie noch ein schwarzes Band an die Fahne. Auf meine Frage „warum?" bekam ich zur Antwort: „Wilhelm Pieck ist gestorben, unser Präsident, und da macht man das so, der Trauer wegen." Ich hatte sogar den Eindruck, dass sie etwas traurig war.

MUTTER HAUSFRAU. Meine Mutter ging nicht arbeiten, sie war Hausfrau. Mein Vater war Buchhalter in der Molkerei, sein Verdienst reichte offensichtlich aus. Mutter hatte mit vier

Kindern gut zu tun. Wenn mein Vater den Lohn ausgezahlt bekam, wurde zu Hause das Geld aufgeteilt. Wirtschaftsgeld für jede Woche und Taschengeld für meine Mutter. Über die Ausgaben des Wirtschaftsgeldes hat meine Mutter Buch geführt. Einnahmen, Ausgaben und am Monatsende musste es stimmen. Wir lebten sparsam und ich bekam immer die Sachen von meinem Bruder, wenn er rausgewachsen war. Seinen Anorak, seine Hose, seine Hemden. Das machte mich stolz, denn kam ein neues Teil, war ich ja auch schon wieder ein Stück größer. Wir trugen kurze Hosen und wenn es kälter wurde, lange Strümpfe, die mit einem Leibchen gehalten wurden. Meine Mutter hat viel für uns gestrickt. Pullover, Socken, Mützen, Schal und Handschuhe. Diese Sachen wurden manchmal wieder aufgetrennt, die Wolle gewaschen und neu verstrickt.

Zum Frühstück und Abendbrot machte Mutter uns die Brote zurecht, nicht um uns zu verwöhnen, sondern aus Sparsamkeit, denn wir hätten uns zu üppig Belag daraufgelegt und die Butter oder Margarine zu fett geschmiert.

In den ersten Jahren hatten wir keinen Kühlschrank, unser Essen hielt sich im Keller frisch. Unser Nachbar, der Taxiunternehmer, hatte einen Eisschrank. Das Eis zum Kühlen holte er in großen Blöcken vom Schlachthof.

Eine Waschmaschine gab es auch erst später. Bis dahin hat Mutter mit der Hand gewaschen und alle sechs Wochen kam eine Waschfrau zu uns und half bei der großen Wäsche. Dazu haben Mutter und Großmutter zusammen am Vorabend in der Waschküche die Bettwäsche im Waschkessel eingeweicht, der am Waschtag dann geheizt wurde, um die Wäsche zu kochen. Mit Waschen und Trocknen war unsere Familie den ganzen Tag beschäftigt. In den nächsten Tagen haben wir die Wäsche gezogen und gelegt, um sie anschließend mit einer riesengroßen, schweren Wäscherolle zu rollen, einem Ungetüm aus Holz, mit Feldsteinen gefüllt. Jeden Tag hat unsere Mutter das Mittagessen gekocht und mein Vater kam sogar nach Hause zum Essen und ging dann wieder auf Arbeit. So brauchten wir Kinder nicht am Schulessen teilzunehmen, das nach Aussage der teilnehmenden Mitschüler sowieso nicht besonders schmeckte. Das Schulessen wurde in großen, schätzungsweise 25-Liter-Thermobehältern angeliefert und es roch nicht gut. Ein großer Speisesaal, wo gefühlt alle Schüler der Schule auf einmal zum Essen zusammenkamen, wirkte auch nicht gerade einladend. Das war eine Situation, bei der ich nur zu gern anders war als meine Mitschüler.

Am Sonnabend war immer Großreinemachetag angesagt. Saugen, Boden feucht wischen und Staub wedeln und immer wieder mal die Messingschilder an der Wohnungstür mit *Sidol* putzen (gibt es heute noch). Auf dem Balkon haben wir die gesamten Schuhe geputzt, die in der Woche in Benutzung waren. Mit der Bürste den Schmutz beseitigen, eincremen mit Schuhcreme, wozu wir alte Zahnbürsten benutzten, und danach blank putzen. Dabei schauten wir auf dem Hof den Autobesitzern bei der Pflege und Reparatur ihrer Kraftfahrzeuge zu. Ich fragte mich da immer, warum wir kein Auto haben.

Es gab am Sonnabend noch eine Tätigkeit – Klopapier aus Zeitungspapier zurechtschneiden. Dieses kam dann in einen Karton. Soweit ich mich erinnern kann, war da immer Spannung in der Luft und die Stimmung nicht so toll, weil wir zum Helfen verdonnert waren, und Mutter ging es nicht schnell und gründlich genug. Wir versuchten zu flüchten, indem wir fragten, ob wir runtergehen dürfen, zu den anderen bereits unten spielenden Kindern. Dem wurde selten stattgegeben.

DER KÖNIG STÜRZT VOM THRON

Ein grauer, nasskalter, verregneter Tag im Februar ging in den späten Nachmittag über. Zum Draußenspielen war wirklich kein Wetter. Mussten wir uns also auf unser Kinderzimmer beschränken. Wir hatten kleine Autos aus Kunststoff im Maßstab 1:87, den gängigen Typen auf der Straße sehr originalgetreu nachgebildet. In der Mitte des Kinderzimmers stand ein großer massiver Tisch, der ließ sich ausziehen. Ein großer dunkler Teppich lag unter dem Tisch, der Teppich hatte außen einen umlaufenden grauen Rand, etwa zehn Zentimeter breit. Dieser Rand war die Straße für unsere Fahrzeugflotte.

Mit Holzbausteinen hatten wir Brücken über die Straße gebaut, Häuser neben ihr errichtet, unserer Fantasie waren kaum Grenzen gesetzt. Auf Knien rutschend schoben wir die Autos auf der Straße hin und her, saßen in Gedanken in genau diesen Kraftfahrzeugen. Natürlich hatte jedes Auto auch einen Motor, die Geräusche dazu kamen aus unseren Mündern und unsere Lippen hatten voll damit zu tun, die Motorengeräusche so ähnlich wie möglich klingen zu lassen., das war ganz wichtig.

Manchmal gab es beim Spielen Streit, wer im Moment welches Auto fahren darf. Ich war der Jüngere und zog oftmals, schon aus rein körperlichen Gründen, den Kürzeren.

An diesem Nachmittag fuhr ich gerade glücklich allein mit dem Auto meiner Wahl über den Teppichring. Mein Bruder Bernhard saß auf dem Sofa und war in ein Märchenbuch

vertieft. Vielleicht las er das Märchen vom König Drossel-
bart. Jedenfalls fragt er plötzlich: „Wollen wir König spielen?"

Ich hatte ein wenig Mühe, aus meiner Autowelt in die
Märchenwelt überzuwechseln. Dann fand ich die Idee gut.
Wir überlegten, was wir alles zum König brauchen. Einen
Thron, einen Umhang, eine Krone und ein Zepter. Als Thron
schien der schwere Stuhl am Schreibtisch gut geeignet. Der
Stuhl hatte zwei Armlehnen. Die gute Tagesdecke vom Tisch
war der ideale Königsumhang. Als Zepter konnten wir gut
den Brieföffner aus Messing verwenden, er glänzte wie Gold.
Eine Krone bastelten wir aus Buntpapier. Wir hatten eigentlich alles zusammen, aber zufrieden waren wir noch nicht –
der Thron des Königs musste erhöht sein, damit der Herr-
scher auf sein Volk herunterschauen kann. Also hievten wir
den schweren Lehnstuhl auf den Tisch.

Ich setzte mich auf den Stuhl und Bernhard legte die Tagesdecke über meine Schultern, so dass sie über die Stuhl-
lehne und die Armlehnen baumelte. Es ist eine dunkle Tischdecke mit goldfarbenen Stickereien und goldfarbenen Fran-
sen. Eine Sicherheitsnadel hielt meinen Umhang an meinem
Hals zusammen. Nun noch die Krone auf den Kopf und das
Zepter in die Hand. Ein kleiner Ball musste als Königskugel
herhalten. So schaute ich auf Bernhard, mein Volk, herab!

„Mutter kommt!", höre ich plötzlich Bernhard energisch
flüstern.

Ich auf dem Tisch, mit Hausschuhen an! Jetzt muss es
schnell gehen. Aber ehe wir auch nur die kleinste Veränderung vornehmen können, rutsche ich mit samt meinem
Thron von der Tischkante. Ein stechender Schmerz in meinem linken Arm. „Mein Arm ist schief, mein Arm ist

schief!", heule ich. Als erstes bekam ich eine Ohrfeige, dann wurde ich aus der Tischdecke befreit und Mutter schaute sich meinen Arm an. Er war gebrochen. Sofort fuhren wir mit der Straßenbahn zu Dr. Steinhäuser in die Klinik. Der Arm wurde geröntgt, der Unterarm ist gebrochen, muss eingerenkt und gegipst werden. Das beschäftigte Ärzte und Schwestern geraume Zeit, wir hatten immer wieder Wartezeit zwischendurch, das Wartezimmer war voller Menschen. Spät am Abend fuhren wir mit der Straßenbahn wieder nach Hause. Ich hatte den Arm in Gips, eingehängt in einem schwarzen Dreiecktuch, das man mir um den Hals geschlungen hatte.

Noch bevor ich anfing, das Einmaleins und das Alphabet zu lernen, lehrte mich das Leben: Wer hoch steigt, kann tief fallen. Und ist obendrein eine gebrochene Existenz.

DIE KOHLENHANDLUNG

Schräg gegenüber von unserem Haus in der Karlstraße war eine Kohlenhandlung. Die gehörte zum *VEB Kohlenhandel Cottbus*. Ein schmales, langgezogenes Grundstück, das bis zur nächsten Querstraße reichte. Haufen von Kohle verschiedener Sorten lagerten dort. Rohbraunkohle, Briketts – ganze und halbe, Eierkohlen, Steinkohle, Steinkohlenkoks und Braunkohlenkoks. Auch ein Haufen mit gehacktem Holz.

Zwischen den Haufen war alles mit Kohlenstaub bedeckt. Wenn es trocken war und Wind kam auf, konnte ich manchmal von unserem Fenster aus kleine Wirbel von Kohlendreck aufsteigen sehen. Ich fand das interessant, aber dann landete der Dreck auf der Straße und unser Hausmeister musste ihn wegkehren. Dabei schimpfte er auf den Kohlenhandel.

Wenn neue Kohle angeliefert wurde, fuhren die LKW in der hinteren Querstraße auf das Grundstück und kippten die Kohlen ab, natürlich mit einer riesigen Staubwolke. Die LKW-Fahrer und die Arbeiter auf dem Kohlenplatz hatten deshalb alle schwarze Gesichter, nur die Augen waren weiß. Um die Kohlen abzukippen, musste der LKW-Fahrer mit einer langen Eisenstange eine Hydraulik-Öl-Pumpe bedienen und ganz langsam drückte ein Hydraulikstempel die Ladefläche nach oben. Zum Anfang ging das sehr schwer, das konnte ich an der Anstrengung des Fahrers erkennen, und je höher die Ladefläche kam und nach und nach die Kohlen abrutschten, umso leichter war für den Fahrer die Arbeit am Hebel. Am Ende rutschte eine große Menge Kohlen mit lautem Krach von der Ladefläche auf die Erde und man musste eine Weile warten, bis der LKW wieder zu sehen war, so staubte es. Das Abkippen vom Anhänger lief auf dieselbe Weise. Wieder gesenkt wurden beide Ladeflächen, indem der Mann lediglich einen kleinen Hahn aufdrehte, also eine eher leichte Übung.

Nachdem die Planken geschlossen waren, fuhr der leere LKW bei uns auf der Karlstraße aus dem Grundstück und verschwand mit einer dicken Dieselwolke. Manchmal kam auch ein Trecker mit zwei Anhängern. Der Trecker hatte ein hochgeklapptes gelbes Dreieck auf dem Dach, das im Dunkeln leuchtete. Es sollte anzeigen, dass der Trecker einen oder zwei Anhänger hinter sich herzieht. Hatte er keine Anhänger, wurde das Dreieck umgeklappt. Trecker mit zwei Anhängern waren besonders interessant, wenn beim Anfahren die Vorderräder in der Luft schwebten.

Vor den Haufen stand eine eiserne Dezimal-Waage mit Gewichten. Um 50 Kilo, also einen Zentner, abzuwiegen, musste man ein 5-Kilo-Gewicht auflegen. Der Arbeiter schaufelte mit einer Kohlengabel Briketts in die etwa zwei Meter hohe, halbrunde Eisenmulde. Wenn genug Kohle in der Mulde war, pendelte sich eine Zunge ein. Je nachdem, ob sie überm oder unterm Strich war, mussten noch Kohlenstücken aufgelegt oder weggenommen werden.

Der Arbeiter drehte die Eisenmulde jetzt herum und auf der anderen Seite stand ein dicker Jutesack auf einem Holzständer. Die Kohlen wurden da reingeschüttet und der Sack war voll. Am Sack waren Stricke mit dicken Knoten befestigt. Der Mann ging rückwärts an den Sack, griff einen Strick mit Knoten und trug den Sack auf dem Rücken zu einem großen Handwagen. Der Sack wurde auf den Handwagen gestellt, fünf Stück hintereinander in einer Reihe. Die nächsten Säcke stellte der Mann halb auf die vorhandenen Säcke und halb auf die Seitenbretter, so dass zwei Reihen gesetzt werden konnten. War der Wagen voll, hatte der Mann 15 Säcke aufgeladen, also 750 kg, eine Dreiviertel Tonne!

Der Handwagen war aus Holz mit Rädern, die mit Eisenringen versehen waren. Vorne hatte der Wagen eine Holzstange, eine sogenannte Runge, mit der man den Wagen lenken konnte. Die Vorderachse war drehbar gelagert. An der Runge war ein Haken mit einem Gurt. Der Mann legte den Gurt um eine Schulter und stemmte sich mit seinem Körpergewicht nach vorn, um den Handwagen in Bewegung zu setzen, eine Hand an der Runge zum Lenken. Das Grundstück verlief leicht ansteigend zur Straße, so dass ein zweiter Mann schieben musste. Die Ausfahrt zur Straße war leicht abschüssig, der Handwagen kam in Schwung und der Mann vor dem Wagen musste jetzt schnell laufen.

In der Mitte der Straße, die mit Granitsteinen gepflastert war, verlief eine Straßenbahnschiene. Die Spurbreite entsprach genau der Spurbreite des Handwagens. Wenn keine Straßenbahn kam, konnte der Mann den Handwagen in die Schiene lenken und der Wagen lief dann ganz leicht. Manchmal rannte ich runter auf die Straße und half dem Mann schieben. Das war toll! Mitten auf der Straße zu laufen und die Autos fuhren rechts und links an uns vorbei. Das durfte ich aber nur bis zur nächsten Straße. Vom Bonnaskenplatz musste ich wieder nach Hause laufen. Kam eine Straßenbahn, hatte der Mann alle Mühe, mit seinem schweren Handwagen aus der Straßenbahnschiene herauszukommen.

Ich weiß bis heute nicht, ob der Mann das überhaupt gemerkt hat, wenn ich geschoben habe. Damals war ich sechs Jahre alt und mein Berufswunsch war, LKW- oder Trecker-Fahrer beim Kohlehandel zu werden.

KATHOLISCHE ERZIEHUNG. Am 23. Januar 1955 wurde ich getauft, in unserer *Pfarrkirche Maria Friedenskönigin* in Cottbus. Meine Taufpaten waren mein Großvater, Friedrich Metzner, und eine Verwandte, Elisabeth Metzner aus dem Westen Deutschlands, genauer: aus Münster. Das war wohl die Weitsicht meiner Eltern, denn die Grenze nach Westdeutschland war zu diesem Zeitpunkt noch offen, aber die materielle Entwicklung im Westen doch schon weiter als im Osten. Später profitierte ich von der West-Patentante und das merkte ich besonders an den Paketen zu meinen Geburtstagen.

Westpakete kamen auch zu Weihnachten und Ostern bei uns an. Das war jedes Mal ein Erlebnis, wenn wir ein Paket geöffnet haben. Allein der Geruch war wunderschön. Die Mischung aus Schokolade, Kaffee, Seife, Backzutaten, Tütensuppen, Backwaren und anderen Süßigkeiten war es, die diesen Geruch entstehen ließ. Er war einzigartig! Die Pakete waren eine große Hilfe für uns, denn diese zugeschickten Sachen gab es bei uns nicht oder nicht in der Qualität und wenn, dann waren sie sehr teuer.

Brachte man uns zu Bett, wurde grundsätzlich gebetet. Es waren Gebete in Reimform und wir mussten sie mitsprechen. Natürlich knieten wir dabei vor dem Bett. Am Sonntag gingen wir in die Kirche. Mutter in die Messe um 7 Uhr und der Rest der Familie um 10.30 Uhr. So war unsere Mutter zum Frühstück wieder zu Hause und wir gingen nach dem Frühstück los. Zum Mittag waren wir dann alle um den Mittagstisch versammelt. Zum Frühstück gab es am Sonntag immer Kuchen, den Mutter gebacken hatte.

Als ich noch nicht in die Schule ging, war einmal in der Woche *Frohe Herrgottstunde* im Gemeindehaus. Beim gemeinsamen Spielen und Singen wurde uns aktiv der Glauben vermittelt. Ich bin da gerne hingegangen. Später, als ich schon in die Schule ging, hatten wir einmal in der Woche am Nachmittag im Gemeindehaus Religionsunterricht. Eine Ordensfrau unterrichtete uns.

In der zweiten Klasse wurden wir auf die Erstkommunion vorbereitet, die einen Sonntag nach Ostern war. Bei der Erstkommunion darf man das erste Mal die Hostie, den Leib des Herrn, empfangen. Es war ein großes Ereignis, aber verstanden habe ich das nicht so richtig. Voller Erwartung habe ich die Hostie, dieses essbare Papierblättchen, empfangen und zu mir genommen, aber es passierte nichts. Keine innere Erleuchtung oder etwas zu sehen, das mir bis dahin verborgen war. Danach beteten wir die gelernten Gebete und das war es dann auch schon.

Was toll war: Die Jungs hatten alle dunkle Anzüge an und die Mädchen weiße Kleider. Die Mädchen trugen einen Kranz von Myrte auf dem Kopf und wir Jungen ein Sträußchen im Revers. Alle hatten wir eine große Kerze in den Händen, ebenfalls mit Myrte geschmückt und mit einem Windschutz für die Flamme versehen. Manche hatten eine Kerze aus dem Westen, die war dann besonders üppig verziert. Die ganze Familie war gekommen, es war eben ein richtig großes Fest mit Mittagessen, Kaffeetrinken und Abendbrot. Es gab natürlich viele Geschenke, das beste war eine Armbanduhr.

Vor der Erstkommunion lag die Vorbereitung auf die Erstbeichte. Bei der Beichte bekennt man Gott seine Sünden. Ein Priester sitzt hinter einem Vorhang im Beichtstuhl und der Beichtende geht seitlich in den Beichtstuhl und flüstert durch ein Gitter dem Priester die begangenen Sünden zu. Der spricht im Anschluss ein Gebet und bittet Gott, dem Beichtenden seine Sünden zu vergeben, die Lossprechung. Man bekommt zur Buße auferlegt, einige Gebete zu sprechen und ist das erledigt, kann man davon ausgehen, dass Gott die Sünden vergeben hat. Erst nach der Beichte ist man richtig bereit, den Leib Christi zu empfangen. Ob ich das damals so richtig verstanden habe, glaube ich eher nicht.

Vor der Beichte erfolgt die Gewissenserforschung. Man überlegt, welche Sünden man begangen hat und damit man die nicht vergisst, schreibt man sie auf einen Zettel. Die ersten Male haben wir das im Erstkommunionunterricht zusammen gemacht und ich kann mich erinnern, dass wir gegenseitig abgeschrieben haben. Zu beichten waren Sachen wie:

nicht auf das gehört haben, was die Eltern gesagt haben; naschen und frech gegen andere Kinder gewesen zu sein. Das waren wohl die häufigsten Vergehen.

Wenn man aus dem Beichtstuhl herausging, gab man dem Priester den Zettel. Dazu schob der Priester am Vorhang vorbei eine Hand nach außen, die mit dem Zettel wieder verschwand. So kam der Zettel nicht in unrechte Hände und der Priester war an das Beichtgeheimnis gebunden und durfte niemandem davon erzählen.

In Cottbus hatten wir einen Pfarrer und zwei Kapläne. Der Pfarrer leitete die Gemeinde und die Kapläne halfen ihm dabei. Der Pfarrer war ein gütiger älterer Herr. Er besaß ein Fahrrad mit Hilfsmotor, der vorn am Lenker angebracht war, ein Keilriemen übertrug die Kraft auf das Vorderrad.

Die Welt mit Kirche war für mich in Ordnung, ich kannte es nicht anders. Als ich eingeschult wurde, merkte ich dann aber schon, dass katholisch sein nicht unbedingt das normalste der Welt ist. Am Tag der Einschulung saßen wir alle in der Aula unsrer Schule und eine Lehrerin rief nacheinander alle Kinder auf. Sie mussten nach vorne gehen und erhielten ihr blaues Halstuch und wurden in die *Jungen Pioniere* aufgenommen. Vergebens wartete ich auf meinen Namen. Hilfesuchend schaute ich zu meiner Mutter, die schüttelte nur mit dem Kopf. Du nicht!

Wieder eine Situation die ich nicht verstand. Auf meine Frage warum, bekam ich zur Antwort: „Wir sind katholisch." In meiner Klasse war noch ein Mädchen katholisch, Maria. Maria war auch nicht bei den Pionieren. Alle gingen zum Pioniernachmittag, Maria und ich nicht, dafür hatten wir Religionsstunde, einmal die Woche bei einer Ordensschwester.

Was immer in der Familie passierte, irgendwie war der Pfarrer mit dabei. Hochzeit, Beerdigung, Erstkommunion – alles mit und in der Kirche. Als mein Bruder Reinhard auch Pfarrer werden wollte, fand ich das ganz toll. Es war eine lange Ausbildung. Drei Jahre *geistliches Abitur* und dann fünf Jahre Studium. Er musste alte Sprachen lernen, Griechisch und Latein. Dadurch war der Kontakt zum Pfarrhaus noch intensiver. Der Pfarrer sagte einmal: „Aus jeder guten katholischen Familie kommt ein Priester oder eine Ordensfrau." Frauen durften nicht Priester werden, das war gar keine Frage oder Option. Jedenfalls war unser Soll mit Reinhard erfüllt.

Bei den Religionsstunden war ich nicht immer der interessierteste Schüler. Es kam öfter vor, dass ich zur Ordnung gerufen werden musste und wenn es gar nicht ging, schickte mich die Ordensschwester vor die Tür.

Nach der Erstkommunion durften wir Ministrant werden. Als Ministrant hatte man Dienst am Altar. Das war ausschließlich den Jungen vorbehalten. Die Mädchen hatten *Frohscharrunde*. Als Ministrant musste man lateinische Gebete lernen, vor allem das Stufengebet. Das betete man im Wechsel mit dem Priester nach dem Einzug in den Altarraum an den Stufen des Altars. Daran scheiterte meine Ausbildung zum Ministranten. Ich konnte die lateinischen Gebete nicht behalten. Ein Beispiel:

Priester: Adjutorium nostrum in nomine Domini. (Unsere Hilfe ist im Namen des Herrn.)

Ministrant: Qui fecit caelum et terram. (Der Himmel und Erde erschaffen hat.)

Priester: Confiteor Deo omnipotenti, beatae Mariae semper Virgini, beato Michaeli Archangelo, beato Joanni

Baptistae, sanctis Apostolis Petro et Paulo, omnibus Sanctis, et vobis fratres: quia peccavi nimis cogitatione, verbo et opere: mea culpa, mea culpa, mea maxima culpa. Ideo precor beatam Mariam semper Virginem, beatum Michaelem Archangelum, beatum Joannem Baptistam sanctos Apostolos Petrum et Paulum, omnes Sanctos, et vos, fratres, orare pro me ad Dominum, Deum nostrum.

Wer soll sich das merken? (Ich bekenne Gott dem Allmächtigen, der seligen, allzeit reinen Jungfrau Maria, dem heiligen Erzengel Michael, dem heiligen Johannes dem Täufer, den heiligen Aposteln Petrus und Paulus, allen Heiligen und euch, Brüder, dass ich viel gesündigt habe in Gedanken, Worten und Werken: durch meine Schuld, durch meine Schuld, durch meine übergroße Schuld. Darum bitte ich die selige, allzeit reine Jungfrau Maria, den heiligen Erzengel Michael, den heiligen Johannes den Täufer, die heiligen Apostel Petrus und Paulus, alle Heiligen und euch, Brüder, für mich zu beten bei Gott, unserem Herrn.)

Und damit war die Litanei noch lange nicht zu Ende.

Mein Oberministrant gab sich die größte Mühe, mir alles beizubringen, mein Bruder, der bereits Ministrant war, ebenfalls, aber es fruchtete nicht und so durfte ich nicht das Messbuch herumtragen oder die Glöckchen zur Wandlung läuten. Auch besuchte ich nicht weiter die Ministranten-Stunden, in denen öfter auch mal Fußball gespielt wurde. Das tat schon weh, aber es wollte eben nicht klappen mit dem Gebet.

Gemeindefeste zu Fronleichnam oder anderen kirchlichen Feiertagen machte die Familie mit. Sie waren eine gute Abwechslung im Jahresverlauf und man lernte viele Gemeindemitglieder kennen und das manchmal in sehr vergnügter und ausgelassener Form. Wenn der Pfarrer oder Kaplan beim Sackhüpfen oder Eierlaufen mitmachte, hatten alle Spaß. Höhepunkt war immer das Fußballspiel zum Abschluss. Es wurden zwei Mannschaften gebildet, gemischt mit Kindern und Erwachsenen, und dann ging es zur Sache. Geschenkt hat man sich nichts!

SCHULZEIT. Ich freute mich nicht auf die Schule, sie ging einfach los und ich kam nicht drum herum. Mit sechs Jahren, also 1961, wurde ich eingeschult. In die 6. *Polytechnische Oberschule*, in der Cottbuser Puschkinpromenade. Toll war natürlich die Zuckertüte, wobei andere Kinder viel größere hatten als ich.

Mein Klassenlehrer hieß Herr Abraham, ein lieber älterer Herr mit Halbglatze und einer großen, braunen Ledertasche mit verschiedenen Fächern und einem Lederriemen mit Schnalle. Diese Tasche imponierte mir sehr. Wenn Herr Abraham mit dem Fahrrad fuhr, stand sie auf dem Gepäckträger, sicher mit dem Riemen am Gepäckträgerbügel befestigt. Herr Abraham war unser einziger Lehrer und unterrichtete alle Fächer. Über 35 Schüler, Jungen und Mädchen, waren wir in der Klasse.

Es war eine sehr alte Schule, ein monumentales Bauwerk. Riesige Klassenzimmer, riesige Treppenhäuser und Holzfußböden, die geölt wurden. Die Schulbänke waren festmontiert und hatten Klappsitze und Vorrichtungen für Tintenfässer. Da wir mit Füllfederhaltern schrieben, wurden sie nicht mehr benutzt, aber die Tintenspuren waren auf den Holzflächen noch deutlich sichtbar. Wir kritzelten auch gerne mal einen Namen oder ein Herzchen drauf (jedenfalls die Mädchen). So mancher der vorherigen Schüler hatte im Holz ebenfalls vielfältige Spuren hinterlassen. An der Wand hingen große schwarze Tafeln, zum Hoch- und Runterschieben, mit Kästen für Kreide, Schwamm und Lappen.

In den ersten Jahren hatte ich außerhalb der Schule gar keinen Kontakt zu anderen Mitschülern. Das lag daran, dass ich nicht Pionier war, demzufolge nicht an den Pionierstunden teilnahm und nach der Schule immer gleich nach Hause ging zum Essen. Dass ich nicht zu den Pionieren durfte, hatte meine Mutter mir ja damit erklärt, dass wir katholisch seien. Viele Eltern der Mitschüler waren bei der Nationalen Volksarmee, NVA, oder Volkspolizei beschäftigt und entsprechend nicht christlich.

Mein Schulweg war etwa einen Kilometer lang und ich lief natürlich zu Fuß. Ich hätte auch zwei oder drei Stationen mit der Straßenbahn fahren können, aber das war umständlich und kostete Geld.

Im sozialistische Bildungssystem begann der Unterricht nicht mit einem einfachen „Guten Morgen". Nein, die Schüler der Klasse standen auf und ein Schüler meldete dem Lehrer mit dem *Pioniergruß* die Bereitschaft der Klasse. Dazu erhob der Schüler die rechte, ausgestreckte Hand über den Kopf und sagte: „Herr Abraham, ich melde: Die Klasse 3c ist zum Unterricht bereit." Darauf antwortete die Lehrkraft: „Für Frieden und Sozialismus – seid bereit." Und die Klasse antwortete gemeinsam: „Immer bereit!" Und erhob ebenfalls die Hand zum Pioniergruß. *FDJ*-Mitgliedern gegenüber, also den älteren Schülern in der *Freien Deutschen Jugend*, lautete der Gruß kurz „Freundschaft" und die Antwort ebenfalls „Freundschaft".

Die Hauptaufgabe des Bildungssystems der DDR bestand darin, die Schüler zu sozialistischen Persönlichkeiten zu erziehen. Neben der Allgemeinbildung war also die politische Bildung Schwerpunkt. Alle Schüler sollten Mitglied der *Pionierorganisation Ernst Thälmann* sein. Von der 1. bis zur 4. Klasse waren sie das als *Jungpioniere* und bekamen ein blaues Halstuch. In der 5. Klasse erfolgte die Aufnahme in die *Thälmann-Pioniere* und die hatten (ab 1973) ein rotes Halstuch. Zur Pionierkleidung gehörte eine weiße Bluse, auf der am linken Ärmel das Abzeichen der Pionierorganisation aufgenäht war, ein blaues Käppi und ein blauer Rock oder Hose. Die politische Bildung wurde am Pioniernachmittag gefestigt, einmal in der Woche und außerhalb des Unterrichtes am Nachmittag. Dass Schüler nicht Mitglied der Pionierorganisation wurden, war die absolute Ausnahme.

Am Beginn des Schuljahres begann für alle Schüler der Unterricht mit einem Fahnenappell. Wir traten auf dem Schulhof klassenweise an. Die DDR-Fahne wurde am Fahnenmast aufgezogen und ein Schüler oder eine Schülerin rezitierte dazu ein Gedicht oder spielte ein Musikstück. Im Anschluss hielt der Direktor eine Rede und verkündete Hinweise und Anordnungen. Diese Appelle hatten absolut militärischen Charakter, es gab sie auch zu besonderen Anlässen wie *Republikgeburtstag* oder zu Ehrentagen von irgendwelchen Arbeiterführern oder Antifaschisten. Und natürlich waren das Pflichtveranstaltungen.

Im Winter 1962/63 war es so kalt, dass die Schule ausfallen musste, weil die Heizung es nicht mehr schaffte, die Räume mit genügend Wärme zu versorgen. Oder vielleicht haben auch einfach die Kohlen nicht mehr gereicht. Gefeuert wurde mit Rohbraunkohle, die auf einem Teil des Schulhofes in riesigen Haufen lagerte. Wegen Dauerfrost standen die Bagger in der Braunkohle still. Wir trafen uns nur noch in der Schule, um Hausaufgaben entgegenzunehmen und dann ging es wieder nach Hause.

Zu Hause spielte sich das Leben hauptsächlich in der Küche ab. Das Wohnzimmer lag nämlich nach Osten und die Kälte kam durch die Fenster durch, obwohl wir Doppelfenster hatten, die Zwischenräume mit Decken ausgelegt waren und vor die Fenster noch eine Decke gehangen wurde. Eisblumen froren die Fenster zu. Schlitten fahren war möglich, aber das hielten wir vor Kälte nicht lange aus.

Ab der 7. Klasse gab es das Fach Staatsbürgerkunde. Dazu gehörte Marxistische Philosophie und die Politische Ökonomie des Kapitalismus und des Sozialismus sowie Wissenschaftlicher Sozialismus. So sollten sozialistische Persönlichkeiten allumfassend geschult werden, was ich aber wenig interessant fand. Der Unterricht war zu einseitig ausgerichtet. Lehrhaltung: Alles, was in der DDR gemacht wird, dient dem Weltfrieden und ist das einzig Richtige; alles, was im Westen gemacht wird, ist Kriegstreiberei und überholt, nicht überlebensfähig.

Ich war nicht blind und konnte sehen, auf welcher Seite es voran ging und auf welcher Seite die Mangelwirtschaft herrschte.

In der 8. Klasse (mit dem 14. Lebensjahr) erfolgte die Aufnahme in die Freie Deutsche Jugend (FDJ), also natürlich nicht für mich. Als äußeres Zeichen trug man ein blaues FDJ-Hemd, wo auf dem linken Oberarm das Symbol der FDJ, die aufgehende Sonne, aufgenäht war. Das Hemd hatte zwei Brusttaschen und Schulterschlaufen.

Fächer, die mir Spaß machten, waren: Musik, Nadelarbeit, Schulgarten und Werken. Großmutter war Schneiderin und konnte mir prima helfen, meine Hausaufgaben zu erledigen. So entstanden ein 1-a-Nadelkissen und eine schöne Werkenschürze. An mehr kann ich mich nicht erinnern. Im Werkunterricht stellten wir einen Wandhalter für eine Kerze her, der mir sehr gefiel, und ich hatte gleich ein Weihnachtsgeschenk für meine Eltern.

Unser Musiklehrer überredete mich, im Schulchor ein Instrument zu spielen – eine Bass-Balalaika. Ein Riesenteil, ähnlich einem Kontrabass! Um zu Hause üben zu können, bekam ich eine mit drei Seiten bespannte Gitarre mit aus der Schule. Ich fand das toll, der Rest meiner Familie nicht so. Natürlich musste ich auch mal die Bass-Balalaika zu Hause zeigen, da hatte ich ordentlich zu schleppen! Aber so richtig konnte ich mit dem Ding nicht punkten. In unserer Familie war es nicht üblich, ein Instrument zu spielen, und das bekam ich zu spüren. Es dauerte nicht lange und ich hatte den Spaß daran verloren.

Der Sportunterricht sprach mich auch nicht sonderlich an. Meine Leistungen waren mittelmäßig bis schlecht, das Turnen am Barren tat weh, am Reck fehlte mir die Kraft und beim Laufen war ich einfach zu langsam. Ausdauer hatte ich wenig. Aber irgendwie kam ich dazu, als Kampfrichter bei der Leichtathletik zu fungieren. Ich musste Lehrgänge besuchen und auch Prüfungen bestehen, was mir in dem Fall tatsächlich gut gelang. Ich bekam Hose, Schuhe, Hemd und Jacke, alles in Weiß, das war doch was! Das Kampfrichtern habe ich dann eine ganze Zeit durchgehalten, obwohl es wieder Konflikte gab. Wettkämpfe fanden auch am Sonntag statt und da war Kirchgang angesagt. So musste ich um 7 Uhr in die Kirche gehen und dann zum Sport.

Die Kampfrichterei hat mir Freude gemacht und durch Weiterbildung und bestandene Prüfungen durfte ich immer

mehr Verantwortung übernehmen. Was besonders gut war:
Es gab je nach Wettkampfklasse eine Aufwandsentschädi-
gung. Das half mir, wieder einige Wünsche zu erfüllen, die
ich mit zwei Mark Taschengeld im Monat nicht schaffen
konnte. Warum ich mit dem Kampfrichtern aufgehört habe,
weiß ich nicht mehr. Vielleicht, weil ich gemerkt hatte, dass
ich doch nicht zu den Olympischen Spielen würde fahren
können?

FREUNDE. Von der ersten bis zur fünften Klasse hatte ich einen Freund. Heinz-Peter war ein Einzelkind und wohnte
ebenfalls in der Karlstraße. Beide Eltern gingen arbeiten und
so war er nach der Schule allein zu Hause und ich durfte
manchmal mit zu ihm. Er hatte eine Elektrische Eisenbahn
auf einer Platte und das war was ganz Tolles. Damit haben
wir viel gespielt. Aber wir sind auch viel draußen rumgestro-
mert

Heinz-Peter war bei der Pioniereisenbahn und da wollte
ich natürlich auch hin! Weil ich wusste, dass meine Eltern es
niemals erlauben würden, dass ihr Sohn – ein Nicht-Pionier!
– zur Pioniereisenbahn geht, tat ich es heimlich. Es war klar,
dass das nicht von Dauer sein konnte, früher oder später
musste ein Aufnahmeantrag gestellt werden, natürlich von
den Eltern unterzeichnet. Hmmm. Also musste ich einen
Kampf mit meinen Eltern austragen, das Ergebnis hieß: „Wir
stimmen zu – unter einer Bedingung: Du musst deine Note 4
in Betragen verbessern."

So begann mein Dienst bei der Pioniereisenbahn Cottbus
und ich durfte meine Eisenbahneruniform empfangen. Ich
war stolz wie Bolle. Fahrkarten verkaufen, Schranke auf und
zu kurbeln, Zug anmelden beim nächsten Bahnhof und

manchmal auch Fahrkarten kontrollieren. Der Dienst, in der Hauptsache Sonnabend und Sonntag, hat einfach Spaß gemacht. Da ich an den Sonntagen dann nicht in die Kirche gehen konnte, musste ich zur vorgefeierten Sonntagsmesse am Sonnabendabend, da gab es keine Kompromisse.

In den Wintermonaten fuhr die Bahn natürlich nicht, aber wir hatten Schulungen. Es wurde alles gelehrt, was mit der Bahn zu tun hatte. Das fand ich hochinteressant. Es gab auch verschiedene Dienstgrade und mit der erfolgreichen Schulung konnte man diese erreichen. Mein Freund war schon länger dabei und hatte einen höheren Dienstgrad, was mich natürlich zusätzlich anspornte.

Dann gab es das Halbjahreszeugnis – und in Betragen blieb es bei der 4! Meine Dienstzeit fand ein abruptes Ende und ich musste meine Uniform wieder abgeben. Auch die Freundschaft zu Heinz-Peter war dann nicht mehr so innig.

In der 6. Klasse kam ich an eine neue Schule – man hatte die Schulbezirke neu aufgeteilt. Nun wurden Stephan und Matthias meine Freunde. Stephan war der Sohn eines evangelischen Pfarrers. Matthias war ebenfalls evangelisch, lernte Geige spielen und sein Vater war vor Jahren mit seinem privaten Dachdeckerunternehmen in die Produktionsgenossenschaft des Handwerks (PGH) Bedachung gezwungen worden. Der älteste Bruder von Matthias war PGH-Vorsitzender. Beide Elternhäuser waren so viel anders als mein Zuhause und schon deshalb sehr interessant für mich.

Ab der 8. Klasse besuchten wir oftmals zusammen die evangelischen Jugendstunden. Die waren politischer als in der katholischen Jugend. Das gefiel mir, ich war also öfter dort. Es gab sogar Wochenenden in Berlin, wo wir ins Theater gingen. Wir sahen *Die Göttliche Komödie* von Dante

Alighieri, *Faust* von Johann Wolfgang von Goethe oder *Die neuen Leiden des jungen W.* von Ulrich Plenzdorf, um nur einige zu nennen. Über das Gesehene diskutierten wir und hinterfragten es kritisch. Bei diesen Berlin-Fahrten übernachteten wir in Studentenbuden oder in Gemeinschaftsunterkünften von evangelischen Theologiestudenten. Eine super Zeit! Dabei wurde ich auch erstmals direkt mit der Berliner Mauer konfrontiert und sie war natürlich ebenfalls Thema unserer Diskussionen.

Mutter wusste über diese Berlin-Ausflüge nicht immer Bescheid. Sie dachte, ich sei am Wochenende bei Matthias zu Besuch. Durch den Kampfrichterjob und Ferienarbeit in der Brauerei konnte ich das Fahrgeld aufbringen und wenn nicht, sind wir auch schon mal schwarz mit der Bahn gefahren.

Durch die Jugendstunden kamen wir auch zu Aktionstagen wie im Wichernhaus, ein Altenheim, wo wir bei der Pflege halfen. Diese Altenheime sind mit den heutigen Seniorenresidenzen nicht vergleichbar. Schon beim Betreten stieg einem ein beißender Geruch in die Nase. Die Zimmer waren immer mit mehreren Menschen belegt, Einzel- oder Zweibettzimmer gab es nicht. Die Häuser waren meistens in einem sehr schlechten baulichen Zustand. Es gab Altenheime in verschiedenen Trägerschaften wie katholische und evangelische Kirche oder staatlich. Die Trägerschaft hatte kaum Einfluss auf den Bauzustand und Pflegestandart. Es war einfach nur schlimm!

Stephan ging ab der achten Klasse auf die EOS, die Erweiterte Oberschule, sodass wir uns nicht mehr so oft sahen. Mit Matthias war ich über die Schulzeit hinaus noch befreundet. Er machte in Rothenburg in der Oberlausitz, im

Martinshof, eine Ausbildung zum Diakon. Auch dort bin ich oft gewesen und habe bei der Pflege geistig behinderter Menschen geholfen. Abends haben wir dann über Gott und die Welt diskutiert und manchmal die ganze Nacht hindurch, bis unser Dienst am Morgen begann.

FAHRRAD FAHREN. Norbert wollte heiraten. Damals war ich ja erst fünf Jahre alt und was so alles rundherum passierte, habe ich erst später verstanden – gespürt habe ich jedenfalls: Meinen Eltern war die Heirat nicht recht. In einer katholischen Familie zeugt es von einem besonderen Segen, wenn ein Sohn Priester werden möchte oder in einen christlichen Orden eintritt. Diesen Weg war Norbert gegangen. Er hatte in Düsseldorf als Zimmermann gearbeitet, ob er dadurch oder danach am Ordensleben der *Dominikaner* Interesse fand, weiß ich nicht. Jedenfalls war er in den Orden eingetreten und seine Eltern waren von einem gewissen Stolz beseelt. Und nun das: Norbert möchte heiraten, da ist der Traum natürlich ausgeträumt. Das kam nicht so gut an.

Und dann war da noch die Familie von Uschi, seiner Zukünftigen. Vater Felix hatte ein Busunternehmen! Wir befinden uns im Jahr 1960. Privatunternehmen in der sozialistischen Gesellschaftsordnung gibt es, aber sie sind nicht gern gesehen. Denn wem sollen die Produktionsmittel gehören? Richtig, dem Volk. Die Volkseigenen Betriebe waren ähnlich westlichen Konzernen strukturiert, hatten aber einen Betriebsleiter, der politischen Entscheidungsträgern gegenüber weisungsgebunden war, auf gut deutsch: Er musste machen, was die Politik wollte.

Felix aber, der Busunternehmer im Sozialismus, kaufte vom *VEB Kraftverkehr* alte, ausrangierte Busse zum

Schrottpreis und baute aus zwei oder drei Schrottkarren wieder einen fahrbereiten Bus zusammen. Auf seinem Hof gab es eine aus Holz gefertigte Halle mit Montagegrube. Die Bedingungen waren alles andere als komfortabel und doch schaffte Felix das Wunder, einen funktionierenden Bus zusammenzubauen, der auch noch besser aussah als die Busse vom VEB Kraftverkehr!

Als Fünfjähriger faszinierte mich das Treiben auf diesem Hof des neuen Verwandten ungemein. Er war nur fünf Minuten von zu Hause entfernt und so oft ich konnte, war ich dort und spielte mit allem, was zu finden war. Der jüngste Sohn von Felix, drei Jahre jünger als ich, hatte ein Raketendreirad. Ein Dreirad, bei dem der Rahmen als Rakete ausgebildet war und ich durfte manchmal damit fahren. Pipi der Freude in Kinderaugen!

Und dann gab es da noch ein Spezial-Fahrrad, also einen Rahmen mit Lenker und Tretlager und zwei dicken Rädern, vermutlich von einem alten Moped. Ich konnte noch nicht Rad fahren, versuchte aber damit zu fahren und es ging. Durch die dicken Reifen klappte es, zu balancieren wusste ich durchs Roller fahren.

Von nun an war meine Freude am Fahrrad fahren geweckt, nur hatte ich keins. Und die Aussicht auf ein Kinderfahrrad war gleich null. Zum einen war es fast unmöglich, überhaupt eines zu bekommen, und zum anderen wäre dafür auch kein Geld vorhanden gewesen. Mutter hatte ein Damenfahrrad, das für mich natürlich viel zu groß war, doch wegen der fehlenden Stange im Rahmen konnte ich im Stehen fahren, auch wenn der Lenker in Kopfhöhe war. Manchmal gelang es mir, heimlich mit Mutters Rad zu fahren. Was nicht unbemerkt blieb, weil Stürze damit vorprogrammiert waren und die gingen nicht ohne Schäden an der Person – also an mir – und am Material ab. Da Mutter kaum mit ihrem Rad fuhr, durfte ich dann, als ich größer war, offiziell damit fahren. Dazu wurde ein Sattel seitlich am Rahmen befestigt, auf den richtigen Sattel kam ich noch lange nicht.

In Cottbus gab es ein Radsportzentrum, das für seine Kinder-Trainingsgruppe Rennräder zur Verfügung stellte. Mit einem geringen Beitrag konnte man dieser Sportgruppe beitreten. Ich war dabei und wir hatten einmal in der Woche Training. Mit Rennrädern durch die Gegend düsen, wie Täve Schur und die anderen Friedensfahrer, das war etwas! Im darauffolgenden Jahr bekamen wir die Rennräder nicht mehr vom Club gestellt, sondern mussten uns selbst kümmern und damit war meine Radrennkarriere beendet.

Mein erstes richtiges Fahrrad bekam ich von einem alten Lehrer aus der Kirchgemeinde geschenkt, da war ich in der 9. Klasse. Rad fahren machte mir viel Spaß und so war ich meistens alleine in und um Cottbus unterwegs und habe meine eigenen Touren absolviert. Selten mit anderen, denn da musste man Rücksicht nehmen und das war nicht mein Ding. Ich wollte Strecke machen. So bin ich zum Beispiel nach der 10. Klasse mit dem Fahrrad in zwei Tagen an die Ostsee gefahren, rund 400 km, und am übernächsten Tag in zwei Tagen wieder die 400 km nach Hause, mehr Zeit hatte ich nicht. Alles mit meinem Fahrrad ohne Gangschaltung!

URLAUB. Einmal im Jahr fuhren wir in den Urlaub – das war unseren Eltern wichtig. Urlaub war in den 50er- und 60er-Jahren aber nicht unbedingt der Standard. Mutter als Hausfrau und Vater als Hauptbuchhalter in einer PGH (Produktionsgenossenschaft des Handwerks), da gab es keinen

Anspruch auf einen *FDGB*-Ferienplatz *(Freier Deutscher Gewerkschaftsbund)*. Solche FDGB-Ferienplätze stellten den Großteil der Ferien- und Erholungsmöglichkeiten in der DDR. Und das in besonders schönen Gegenden wie Thüringen, Erzgebirge oder Ostsee, hier wurden nach und nach solche Ferienheime gebaut. Wenn man in einem VEB (Volkseigener Betrieb) arbeitete und Mitglied im FDGB war, konnte man einen Antrag stellen und eine Kommission entschied darüber, wer einen Platz bekam. Das war mit langen Wartezeiten verbunden. Das gleiche System, nur viel kleiner und sparsamer, wurde für die Mitarbeiter im Handwerk durch die Handwerkskammer betrieben.

Die PGH, in der mein Vater arbeitete, kaufte einen kleinen Wohnwagen und stellte den auf einen Campingplatz in Goyatz am Schwielochsee, rund 50 Kilometer von Cottbus entfernt. Da fuhren wir mehrmals hin und mit einem zusätzlichen Zelt war genug Platz für uns alle: die Eltern, Bernhard und mich. Die *Bimmelguste* – so nannten die Cottbuser die Schmalspurbahn – brachte uns mit maximal 30 km/h ins Urlaubsparadies. Unser Gepäck kam auf einen Fahrradanhänger in den Packwagen, denn vom Bahnhof aus war es ein ganzes Stück zu laufen.

Nach ein paar Jahren hatte die PGH die Möglichkeit, einen Bungalow zu bauen. Daraus wurde in Jessern, ebenfalls am Schwielochsee, gleich eine ganze neue Bungalowanlage, *Am Weinberg* hieß die. Das war ein großes Glück, denn so ein Bungalow hatte Schlafzimmer, Küche, Toilette und Wohnzimmer mit Terrasse. Es war also um ein Vielfaches größer als in der Enge des Wohnwagens. Die Urlaube in Goyatz und Jessern waren sehr schön, denn wir hatten die Fahrräder mit, haben uns selbst verpflegt, konnten im See baden, Pilze sammeln, ins Zeltplatz-Kino gehen, unsere Zeit selbst gestalten.

Die Katholische Kirche bot in Jauernick, in der Nähe von Görlitz, eine Familienfreizeit an. Einmal machten auch wir dort Urlaub. Die Eltern hatten ein Zimmer und die Kinder schliefen im Schlafsaal, Jungen und Mädchen getrennt! Morgens und abends mit Gedränge im Waschraum. Die Mahlzeiten nahmen wir gemeinsam mit unseren Eltern ein und tagsüber gab es Angebote wie Basteln, Wandern oder andere Freizeitbeschäftigungen mit oder ohne Eltern. Die Wanderung auf die Landeskrone, den Hausberg von Görlitz, war natürlich eine Pflichtübung.

In Gehren, nahe Luckau, hatte die Cottbuser Handwerkskammer in einem Schloss eine Ferieneinrichtung. Einmal haben wir auch dort Urlaub gemacht. Mutter blieb mit unserem jüngsten Bruder Uli zu Hause, der war noch zu klein. Es muss also 1963 gewesen sein. Wir bewohnten ein Zimmer mit Toilette und Waschgelegenheit und wurden mit den Mahlzeiten wie im Hotel versorgt. Das war etwas Außergewöhnliches und gefiel uns.

Da wir kein Auto hatten, war unser Bewegungsradius auf Wandern und Rumhängen beschränkt. Frösche fangen und im Springbrunnen aussetzen und auf Schiffchen aus Rinde fahren lassen war ein großer Spaß, bis mein Bruder Bernhard dabei in den Brunnen fiel und nasse Klamotten bekam. Anschließend gab's Ärger mit Vater und Brunnen war ab da verboten.

Vor der Schlossmauer wuchsen Brennnesseln. Es wurde eine Mutprobe besprochen, wer sich wohl trauen würde, da hineinzuspringen. Mehr aus Unkenntnis als mutig habe ich es getan. Die Brennnesseln waren größer als ich, die Mauer zu hoch und zu glatt, um sie wieder zu erklimmen. Mir blieb nichts anderes übrig, als mir durch die Brennnesseln hindurch einen Weg zu suchen. Kurzärmlig mit kurzen Hosen und Sandalen bahnte ich mir heulend die Ausflucht ins Freie. Außer mir haben sich alle sehr amüsiert. Brennnesseln sind gut gegen Gicht und Rheuma. Deshalb hatte ich wohl in meiner Kinder- und Jugendzeit nie Probleme damit. Am Abend ging unser Vater Skat spielen, um Geld. Von seinem Erfolg am Abend hing unsere Kuchenration am nächsten Nachmittag ab. Wir hatten den Eindruck, er spielte nicht schlecht.

Einen Urlaub haben wir im Harz, in Altenbrack, in einer privaten Unterkunft gemacht. Es muss wohl ein Kontingent der Handwerkskammer gewesen sein, denn sonst kam man an Privatquartiere gar nicht ran oder man konnte sie sich einfach nicht leisten. Das war noch vor meiner Schulzeit. Ein sehr schöner Urlaub. Mit öffentlichen Verkehrsmitteln fuhren wir durch den Harz. Für meine Mutter nicht einfach, denn ich musste beim Zugfahren oft gleich erbrechen, die Spucktüte war also immer griffbereit. Ausflugsziele waren: Die Rappbode-Talsperre, die höchste Staumauer Deutschlands, 1959 gerade fertiggestellt; der Brocken, von den Russen besetzt, aber noch frei zugänglich, hoch kam man mit der Schmalspurbahn; der Hexentanzplatz Thale; die Roßtrappe mit dem Hufabdruck des Pferdes von Brunhilde; die Hermannshöhle mit ihren bizarren Tropfsteingebilden.

Die Herbergsleute hatten einen Schäferhund. Mit meinem Bruder Bernhard streite ich mich heute noch, ob junger oder alter Hund. Frühmorgens ging ein Hirte durchs Dorf und die Kühe kamen aus den Gehöften und liefen gemeinsam dem Hirten hinterher zur Weide. Am Abend kam der Hirte wieder durchs Dorf und jede Kuh wusste, in welches Hoftor sie abbiegen musste. Ein interessantes Schauspiel!

KONSUMENT WARENHAUS. In Cottbus wurde das *Konsument Warenhaus* gebaut und 1968 eröffnet. Es war eines der ersten Kaufhäuser der DDR und modern ausgestattet. Die hochwertige Innenausstattung beinhaltete Rolltreppen und im Obergeschoss eine Gaststätte. Mütter konnten ihre Kinder kostenfrei zur Betreuung abgeben. Kurz vor der Eröffnung wurden Arbeiter gesucht, die beim Aufstellen der Regale, Verkaufstische und sonstigen Einrichtungsgegenstände helfen sollten. Diese Arbeit wurde bezahlt, aber was viel wichtiger war: Man konnte schon mal in das Innere des Kaufhauses gelangen und die Neugier befriedigen.

So versuchte auch ich, solch einen Job zu erhaschen, aber irgendwie klappte es nicht. Mit einem Schüler aus meiner Klasse stromerten wir um das Kaufhaus. Teilweise war es noch eine Baustelle, entsprechend abgesperrt und gesichert. Die Eingänge wurden bewacht und man kam nur mit einem entsprechenden Dokument ins Innere. Auf der Rückseite war eine abschüssige Einfahrt, die ins Kellergeschoss führte, wo die Warenannahme war. Da die Abfahrt keinen Fußgängerbereich hatte, wurde sie nicht bewacht und wir konnten dort vordringen. Die Lade-Zone – eine Rampe – war ebenfalls nicht bewacht. Die Türen waren verschlossen. Wir merkten aber, auch hier kommen wir nicht rein. Da kam ein LKW an die Rampe gefahren und lud einen Alu-Behälter voller geschälter Kartoffeln aus. „Jungs", sagte der Fahrer zu uns, „könntet ihr mal die Kartoffeln zur Küche bringen?"

Und ob wir das können, das war unsere Chance! Wir schoben die Kiste zum Fahrstuhl. Es dauerte eine Weile, aber der Fahrstuhl kam nach unten und die Türen öffneten sich. Der Fahrstuhl wurde von einem Fahrstuhlführer bedient und als der uns mit der Kiste Kartoffeln sah, half er uns, die Kiste in den Fahrstuhl zu schieben und drückte auf den Knopf *Gaststätte*. Wir fuhren hoch. Die Fahrstuhltür öffnete sich und wir stiegen mit unserer Kiste aus.

Da wir nicht wussten, wo die Küche war, blieb die Kiste mit den Kartoffeln stehen, denn wir hatten unser Ziel erreicht, wir waren drinnen. Überall wurden Regale und Tische montiert, Wände gestrichen, Beleuchtung aufgehängt, Waren ausgepackt und eingeräumt, Kassen aufgestellt und Fenster geputzt. Da fiel es niemandem auf, dass zwei Kerle nur mal so gucken wollten, was los ist. Das haben wir ausgiebig getan und als wir genug gesehen hatten, sind wir durch einen der Ausgänge wieder verschwunden.

Tage später kam mein ältester Bruder Norbert mit seiner Frau zu uns zu Besuch und berichtete ganz stolz, dass im *Konsument* schon einen Tag vor der morgigen Eröffnung für die Bauarbeiter die Möglichkeit bestand einzukaufen. Seinen neuen *Dederon*-Anorak hatte er soeben dort gekauft. Stolz berichtete ich, dass ich schon Tage vor ihm im *Konsument* war und konnte das auch mit Insiderwissen belegen. Man staunte nicht schlecht, wie wir das hinbekommen hatten.

Mokka-Milch-Eisbar Kosmos

Die *Mokka-Milch-Eisbar Kosmos* ist ein Gebäude hinter dem *Konsument* und hat die Dachform eines Sterns. Das Gebäude selbst ist ein sechszackiger Glaskörper. Die Mokka-Milch-Eisbar wurde 1969 eröffnet und anfangs kam man nur auf Vorbestellung rein. Die Sitzmöbel waren kompakt als Zweier-Sitzgruppe gebaut mit hohen Lehnen und in abgerundeter

Form. Im mittleren Bereich waren auch mal zwei Stück aneinandergestellt, so dass es eine Vierergruppe ergab. Diese Sitzmöbel fertigte die *PGH Wohnkultur* aus Cottbus, in der mein Vater Hauptbuchhalter war.

Die Eisbecher in der *Mokka-Milch-Eisbar* waren etwas Besonderes, denn Obst und Schlagsahne bekam man im Handel nicht so ohne weiteres. Es war eine ansprechende gastronomische Einrichtung und ich ging ab meiner Lehre gerne dort ein und aus. Durch meine Arbeit nach Feierabend war auch das nötige Geld vorhanden.

1972 diente die Eisbar als Kulisse für den *DEFA*-Film *Die sieben Affären der Donna Juanita*. Als Stammgäste wussten wir von den Dreharbeiten und taten alles, um reinzukommen und dabei zu sein. Bei Fernsehaufzeichnungen wurden immer Träger gesucht, die hinter den Kameras die Kabel schleppten. So einen Job zu ergattern ist uns nicht gelungen. Im Film ist das alte Cottbus mit der Kosmos-Mokka-Milch-Eisbar zu sehen.

Familie

FAMILIENFEIERN. Ich kann machen, was ich will – mein Geburtstag fällt in jedem Jahr auf Silvester. Also wurde Silvester immer bei uns zu Hause gefeiert. Der Monat mit den meisten Geburtstagen ist bei uns in der Familie der Mai. Am 1. Mai ist der Geburtstag von Tante Ursula, der Schwester meines Vaters. Darauf folgt am 12. meine Mutter und am 18. mein Vater sowie am 20. Reinhard. Die Geburtstage wurden alle gefeiert, meistens mit Kaffee trinken und Abendbrot essen. Das hat immer Spaß gemacht.

Besonders schön war es bei Tante Ursula und Onkel Edmund. Die bewohnten in Madlow ein kleines Häuschen mit einem großen Garten. Es gab Hühner, Kaninchen und Ziegen. Bei Onkel Edmund haben wir immer gesungen. Die Gesangbücher lagen griffbereit und irgendwann ging es los. Zum Trinken gab es für die Großen selbst gemachten Wein aus Äpfeln, Brombeeren oder Pflaumen.

Bei Vaters Geburtstag haben Norbert, Reinhard und Vater auch schon mal einen Skat gekloppt und Zigarre geraucht. Gefeiert wurde zu Hause, selbst größere Feiern wie Taufen, Erstkommunion oder Firmung. Die Kuchen haben die Frauen selbst gebacken und einer war schöner und leckerer als der andere. Selbst die Hochzeit von Norbert und Uschi wurde zu Hause gefeiert. In der Amalienstraße bei Uschis Eltern gab es eine große Wohnung, man rückte zusammen und es ging irgendwie und es war gemütlich und lustig.

Weihnachten und Ostern waren dann doch eher Feiern im engeren Familienkreis. Neben dem selbstverständlichen Kirchgang gab es lecker Mittagessen und schmackhaften Kuchen. Auch dank der Pakete aus dem Westen gab es Kaffee, Kakao, Schokolade, Ananas, Mandarinen, Apfelsinen, Mandeln und Zitronat. Das war schon etwas Besonderes, im Handel war das in der Qualität nicht zu kriegen und wenn, dann war es sogenannte Bückware, für die es besonderer Beziehungen bedurfte.

BRÜDER. Als viertes Kind in die Familie geboren zu werden ist so, wie es ist. Hat Vorteile, hat aber auch Nachteile. Als Vorteil kann man nennen: Du hast Vorbilder. Und als Nachteil: Man verarscht dich gern. Ich war ein gutgläubiges Kind und habe lange alles geglaubt, was man mir erzählt, um dann später festzustellen: Hoppla, da bist du aber auf den Arm genommen worden! Das passierte nicht in böser Absicht, aber es war anscheinend lustig auszuprobieren, wie gutgläubig der Kleine war.

Bin ich dadurch misstrauischer geworden? Ich glaube nicht, aber manchmal ist es gut, wenn man das eine oder andere hinterfragt!

Zu Norbert, meinem ältesten Bruder, hatte ich erst nach seiner Hochzeit mit Uschi öfter Kontakt, dabei war dann mehr Uschi meine Kontaktperson. Mit ihr, der 24-jährigen, konnte ich, der 6-jährige, all das besprechen, wozu ich bei meiner Mutter nicht den richtigen Zugang hatte. Das sollte noch lange so bleiben und ich bin Uschi und Norbert sehr dankbar dafür. So manche Weichenstellung in meinem Leben haben wir gemeinsam besprochen und es gab mir die notwendige Orientierung.

Reinhard – zwölf Jahre älter als ich – war ständig unterwegs. Wenn er von Montage kam, fragte ich immer zuerst, ob er Hasenbrot mitgebracht hat und wenn ja, dann habe ich die alten Frühstücksbrote mit Heißhunger verschlungen. Warum? Keine Ahnung. Nach der Armeezeit ging Reinhard nach Magdeburg und machte dort sein Abitur, denn er wollte im Anschluss in Erfurt katholische Theologie studieren, um Priester zu werden. Wenn er auf Semesterferien nach Hause kam, hatte Mutter eine Liste mit handwerklichen Tätigkeiten parat, was alles zu erledigen war: von Bilder aufhängen bis Steckdosen reparieren. Dabei habe ich ihm gern geholfen und viel gelernt. Er war sehr geschickt und hatte von fast allem eine Ahnung! Oftmals kam mir der Gedanke: Schade, dass er keine Familie haben wird, so geschickt und vielseitig, wie er ist. In Erfurt habe ich ihn öfter mal besucht, denn in meiner Lehrzeit hatte ich immer in Neustadt/Orla theoretischen Unterricht und war im Internat untergebracht. Nach Erfurt waren es gerade mal zwei Stunden mit dem Zug und so fuhr ich übers Wochenende gerne hin.

Das Leben im Priesterseminar war schon interessant: die abendlichen Treffen mit den Kommilitonen in den Kneipen oder der Sonntagsausflug auf die IGA – die Internationale Gartenbauausstellung – nach dem Kirchgang im Erfurter Dom.

Noch bevor sein Studium beendet war, ging Reinhard nach Heiligenstadt ins Kloster der Redemptoristen. Dort habe ich auch einmal meinen Urlaub verbracht. Von Heiligenstadt bis zur Grenze der DDR waren es etwa zehn Kilometer. Aus diesem Grund stiegen in Leinefelde Genossen der Bahnpolizei zu und kontrollierten verdächtige Reisende, wo sie hinwollten. Mich hatten sie immer am Wickel mit Ausweiskontrolle und ich musste mein Reiseziel erklären.

Eines Tages haben wir uns ein Motorrad ausgeliehen und fuhren durch das Eichsfeld. Aus dem Kloster hatten wir eine sehr alte Landkarte dabei, auf der gab es die DDR noch nicht, also auch keine Grenze – die Karte nahmen wir mit für den Fall, dass wir mal nicht mehr weiterwissen oder uns verfahren haben. Ich hatte sie unter mein Hemd gesteckt. Wir waren eine Weile unterwegs, da standen wir plötzlich vor einem Schlagbaum. Es ging für uns nicht mehr weiter, dabei war das erst das Sperrgebiet, das etwa fünf Kilometer vor der Grenze begann.

In das Sperrgebiet hatten nur berechtigte Bürger Zutritt. Entweder hatten sie dort ihren Wohnsitz oder wollten jemanden besuchen. Letzteres jedoch musste vorher beantragt werden und es musste einen wichtigen Grund geben. Zugelassen waren auch nur bestimmte Verwandtschaftsverhältnisse. Also drehten wir wieder um und fuhren eine andere Route. Es dauerte nicht lange, wurden wir von einem Geländewagen der Grenzsoldaten eingeholt und kontrolliert. Wenn die unsere Eichsfeld-Karte entdeckt hätten – das wäre ein echtes Problem geworden.

Bernhard und ich sind praktisch zusammen aufgewachsen. Die reichlich drei Jahre Altersunterschied waren o.k., er war der ältere und dementsprechend mein Vorbild. Wir beide waren schon ein gutes Gespann! Bernhard hat viel gelesen – damit konnte ich gar nichts anfangen. Egal, was zu Hause los war, er setzte sich mit einem Buch in eine Ecke und alles andere um ihn herum störte ihn nicht. Das ging bei mir gar nicht. Zusammen spielen ging aber recht gut, auch wenn er manchmal seine Überlegenheit zeigte. Im Urlaub in Altenbrack war hinter unserer Unterkunft ein Waldgebiet. Wir gingen zusammen in diesen Wald und er erzählte mir von Wildschweinen. Fand ich sehr spannend! Auf einmal merkte ich, dass Bernhard nicht mehr da war und rief nach ihm. Es blieb still und er meldete sich nicht. Doch da fing es im Unterholz an zu grunzen, das konnten nur Wildschweine sein. Ich rannte um mein Leben und geheult habe ich auch. Ich hatte wahnsinnige Angst. Plötzlich war Bernhard wieder da und das Grunzen verschwunden und die Welt war wieder in Ordnung. Aber so macht man das wohl unter Brüdern.

Im Winter war Rodeln angesagt. Die Puschkinpromenade gegenüber unserer Schule war ein einfacher Berg und zum Rodeln eigentlich langweilig. Dann gab es noch den Roller-Berg. Im Sommer sind wir den auf einer Betonpiste mit dem

Roller oder Fahrrad runtergefahren, mit zwei Steilkurven und einer Brückenüberquerung, Länge vielleicht 300 Meter. Stürze waren sehr schmerzhaft und wir wollten sie vermeiden. Helme hatten wir keine. Heute unvorstellbar, kein TÜV der Welt würde so eine Bahn zulassen!

Im Winter sind wir dort mit den Schlitten runter und das war schon eine Herausforderung. Seitlich von der Betonpiste ging es auf einer Wiese sehr steil nach unten, wo man wegen der herumstehenden Bäume verdammt aufpassen musste. Da sind Bernhard und ich also zusammen auf einem Schlitten runter. Es war die letzte Fahrt, wir mussten nach Hause. Die Oberkirche hatte um 18 Uhr geläutet und das war unser Zeichen. Handschuhe, Mütze und Klamotten waren schon durchnässt und mit Eis verkrustet. Die letzte Fahrt endete an einem Baum. Ich saß vorn und knallte mit dem Kopf an den Baum und Bernhard saß hinter mir und knallte mit seiner Nase an meinen Kopf. Bei mir wuchs eine Beule und Bernhards Nase blutete wie verrückt. Natürlich haben wir geheult, den ganzen Weg bis nach Hause. Zu Hause wurden wir nicht etwa getröstet, sondern jeder bekam noch eine Ohrfeige, weil wir so blöd waren und blutverschmierte Sachen hatten.

Dann gab es noch den Gerichtsberg mit der Knochenbahn. Sehr steil mit kleinen Sprungschanzen und in gebogener Form. Unten angekommen, musste man stark bremsen, um nicht auf eine Straße zu fahren. Schaffte das jemand nicht, war die Straßenbreite noch zum Bremsen da und wenn man das nicht schaffte, knallte man an einen Zaun. Das war denn schon eher die Bahn der Wahl, wenn es mit der Jugend zum Rodeln ging, und das hat so mancher Schlitten nicht überlebt!

Als ich acht Jahre alt war, wurde Ulrich geboren, unser Jüngster. Mutter kam mit Uli aus dem Krankenhaus und der war so winzig, dass ich fragte, ob ich ihn überhaupt anfassen durfte. Uli ging – wie alle Kinder unserer Familie – ebenfalls nicht in den Kindergarten. Er musste dann die Vorschule besuchen, um auf die Schulzeit vorbereitet zu werden. Er war aber ein helles Köpfchen und hatte damit überhaupt kein Problem. In der Schule kam er gut mit.

Uli habe ich auf meinem Fahrrad mitgenommen und später auch auf einem geliehenen Moped. Es waren wilde Touren, an denen wir Spaß hatten, aber immer nur so lange, bis wir hingeflogen waren. Meistens endeten die Touren so, aber bis auf Abschürfungen und so manche Beule ist nichts weiter passiert.

VATER. Mein Vater ist 45 Jahre alt, als ich geboren werde. Er hat einen Herzfehler und Übergewicht und ist in ständiger ärztlicher Behandlung. Ich bin überzeugt, dass es hauptsächlich die Auswirkungen aus dem Krieg waren, die seinen Gesundheitszustand beeinflussten. Er hat aus der Kriegszeit kaum etwas erzählt, selbst auf Nachfrage nicht. Er war in russischer Kriegsgefangenschaft im Bergbau und da war es ein Segen, wenn sie in der Küche Dienst tun mussten – dann konnten sie Kartoffelschalen mitnehmen, um ihre Essenration aufzufüllen.

Vater war ein ruhiger Typ, redete nicht viel. An eine Begebenheit kann ich mich erinnern, wir wohnten noch in der Parzellenstraße, da ging Vater mit uns Schlitten fahren. Auf dem Rückweg hatte er einen Schwächeanfall und wir mussten ihn auf dem Schlitten nach Hause ziehen. Ich war vielleicht fünf und Bernhard acht Jahre.

Essen durfte er auch nicht alles, wegen des Übergewichts, und in solchen Situationen wurde er noch ruhiger. Er war mehr ein Kopf-Mensch und nicht praktisch veranlagt. Er fuhr mehrfach zur Kur, das dauerte immer vier Wochen. Von einer dieser Kuren kam er nicht mehr nach Hause. Es war in den großen Ferien 1970, er war in Bad Gottleuba zur Behandlung, in der Nähe von Dresden. Es muss wohl gleich zu Anfang Schwierigkeiten gegeben haben, denn Mutter fuhr mit mir hin, um ihn zu besuchen. Er lag auf der Krankenstation und sah schwach aus. Er zog mich zu sich, schaute mich eindringlich an und meinte, ich solle Mutti nicht so viele Sorgen bereiten. Es waren die Ferien zwischen der 9. und 10. Klasse. Ich war 15 Jahre und fühlte mich zwischen Baum und Borke. Ich machte, dass ich raus kam aus diesem Zimmer und bin durch den Kurpark gestromert.

Am folgenden Sonnabend hatte ich plötzlich die Idee, nach Gottleuba zu fahren und Vater zu besuchen. Mutter war ebenfalls in Gottleuba. Bernhard lag früh noch im Bett, da zog ich los. Mit der Bahn nach Dresden und von da aus mit dem Bus nach Gottleuba. In Dresden verpasste ich einen Bus und musste auf den nächsten warten. Als ich endlich im Kurhaus angekommen war, kam mir eine Krankenschwester auf dem Flur entgegen, fragte mich, ob ich zum Herrn Heine möchte. Als ich das bejahte, schob sie mich vor sich her in ein Zimmer und ich staunte nicht schlecht, als ich dort neben meiner Mutter noch Bernhard, Reinhard und Norbert sah. Vater war in dieser Nacht gestorben. Meine Mutter hatte Bernhard benachrichtigt und war mit ihm und Reinhard mit Norberts Auto, *F8 Kombi,* nach Gottleuba gefahren.

Mutter sollte noch bleiben und ich habe so lange rumgeningelt, bis auch ich bleiben durfte. Am nächsten Tag konnten wir Vater noch einmal sehen, er sah sehr stattlich aus, so wie er da lag. Dann fuhren auch wir nach Hause. Es gab eine sehr große Beerdigung. Mich nervte es ungemein, das Händeschütteln und über Kopf und Wange gestreichelt werden. Aber ich kam nicht weg und musste es ertragen. Als Halbwaise stand mir jetzt sogar eine Halbwaisen-Rente zu, die direkt an mich ging. Mutter blieb noch ein Jahr zu Hause und hatte dann eine Arbeit im Büro der Hochschule. Das war nicht allzu weit weg von zu Hause und zu Fuß zu erreichen.

Ja, das Leben meines Vaters war vom Krieg geprägt. Ich kenne ein Foto, auf dem er mit seinem Auto, seiner ersten Frau Angela und den Jungs Norbert und Reinhard zu sehen ist. Das Foto wurde aufgenommen in Landsberg an der Warthe (heute Polen), wo er als Hauptbuchhalter in der Molkerei arbeitete. Der Krieg zerstörte diese Idylle und ließ einen gebrochenen Mann überleben. Als er in Cottbus auf dem Bahnhof ankam, aus der Kriegsgefangenschaft, informierten die Leute meine Oma, dass der Rudi auf dem Bahnhof sei, sie solle ihn mit dem Handwagen abholen. Immerhin, er hatte überlebt!

Die Heirat mit meiner Mutter war, so vermute ich, mehr Vernunft als Liebe, denn die Jungs brauchten nach dem Tod von Angela eine Mutter und geordnete Verhältnisse. Allerdings: Sieht man den Tatsachen ins Auge, dass noch drei Jungs geboren wurden, war wohl auch Liebe im Spiel. Eine Liebe, die geprägt war von christlichen Moralvorstellungen und der Bildung sozialistischer Persönlichkeiten und allen anderen äußeren Bedingungen. Mutter hatte im Krieg ihren Bruder verloren, zu dem sie eine besonders innige Verbindung gehabt haben muss. Dann 1945 die Befreiung vom

Hitlerfaschismus und durch russische Soldaten auch die Befreiung von der Jungfräulichkeit – das hat Mutter wirklich so gesagt. Das geht alles nicht spurlos an einem vorbei! Es hinterlässt Narben.

Dann die Zeit im sozialistischen Deutschland. Für katholische Christen nicht unbedingt die besten Voraussetzungen. Meinem Vater musste niemand erzählen, wie toll der Sozialismus doch ist. Er ist irgendwann in die CDU eingetreten. Somit war er nicht mehr erreichbar für die SED-Mitgliedschaft. Die CDU war natürlich auch nur eine Blockflöte der SED. Wenn größere Versammlungen anstanden, ging er ohne Mantel dort hin, um bei der nächstbesten Gelegenheit verschwinden zu können.

Einmal, wir saßen am Abendbrottisch, unterhielten sich Vater und Mutter darüber, wie sie 1957 im Westen zu Besuch bei Verwandten waren und die zu ihnen sagten, sie sollten doch im Westen bleiben. Das lehnten sie ab, sie hätten ihre Eltern im Osten. Meine Bemerkung dazu: „Wie dumm muss man sein, wenn man schon mal im Westen ist, wieder zurück in den Osten zu fahren?" Weiter kam ich nicht, da holte Vater aus zu einer Ohrfeige, dass die Brille davonflog. Ende der Diskussion!

Sand im Kinderwagen

Sehr gerne fuhren wir zu Onkel Edmund und Tante Ursula nach Madlow. Sie hatten da in der Kantstraße ein großes Grundstück: Haus mit Nebengelass, Ziegenstall und Vorgarten, ein Gemüsegarten, in dem wir Kinder nichts zu suchen hatten – dieser Teil war ohnehin nicht so interessant für uns, hier war der Hühnerzwinger und man musste aufpassen, wo man hintritt. Aber was auch noch zum Grundstück gehörte: ein kleiner Wald mit Kiefern. Dort konnten wir buddeln, aber richtig! Mit Spaten und Schippe hoben wir große, tiefe Löcher aus. Manchmal waren sie bei unserem nächsten Besuch wieder zugeschüttet, manchmal waren sie noch da und wir konnten weiter an ihnen bauen, sie abdecken mit Brettern, als Bunker oder so. Ich glaube, unsere Buddelei ließ der Onkel zu, weil er dadurch immer ein Loch hatte, in dem er so manchen Müll oder Asche verschwinden lassen konnte.

Unserer Mutter gefiel unser Waldeinsatz nicht so gut, denn wir hatten bei den Ausflügen nach Madlow meistens Sonntagssachen an und beim Buddeln wurden die schon mal dreckig.

Unser jüngster Bruder Uli wird so zwei Jahre jung gewesen sein, da sollten Bernhard und ich mit ihm in Madlow spazieren gehen. Uli saß im Kinderwagen und freute sich einen Ast, wie wir mit ihm durch die Gegend rannten. Auch Kurven fahren machte ihm Spaß. Mit einem Sicherheitsgeschirr war er im Wagen gegen Herausfallen gewappnet. Wir kamen an eine Stelle, wo der Weg auf einem kurzen Stück steil abschüssig ist. Hier waren wir Großen schon oft mit dem Handwagen vom Onkel runtergefahren und hatten viel Spaß dabei gehabt: Bernhard und ich saßen beide im Handwagen und der Vordermann nahm die Deichsel zwischen die Beine, um zu lenken.

Als wir nun mit Uli an diese Stelle kamen, haben wir den Kinderwagen allein dort runterrollen lassen. Ich stand oben und ließ den Wagen los und Bernhard stand unten und fing den Wagen ab. Uli jauchzte vor Freude. So ging das einige Male gut, bis der Wagen umkippte. Uli schrie wie am Spieß. Jetzt musste er erst einmal aus seiner misslichen Lage befreit werden, also abschnallen, hochnehmen und beruhigen. Dann der Wagen ... Der hatte etwas gelitten. Tannennadeln und Sandboden wischten und zupften wir raus, so gut es ging. Uli war nicht verletzt und Tannennadeln und Sand entfernten wir auch bei ihm. Aber alle Spuren lassen sich eben doch nie beseitigen und wir wussten ja, wie gründlich unsere Mutter war. Sie würde es auf jeden Fall merken, da machten wir uns keine falschen Hoffnungen, also mussten wir uns eine Erklärung ausdenken. Auf dem Heimweg besprachen wir mögliche Szenarien.

In der Kantstraße angekommen, wurden wir bereits erwartet, wir waren länger weggeblieben als genehmigt. Mutter sah sofort, dass etwas nicht stimmte. Wir waren vorbereitet, wir begannen mit unserer Erklärung: „Wir sind ganz normal mit Uli spazieren gegangen, als wir an einem Grundstück vorbeikamen und ein Mann eine Schippe Sand über den Zaun geworfen hat." – „Ja, genau, ohne zu gucken, ob da jemand kommt. Und den Sand hat dann Uli und der Kinderwagen abbekommen." Auf Mutters Frage, wo das denn gewesen sei, konnten wir uns nicht mehr so genau erinnern. Ja, wo war das? Da hinten irgendwo!

Lehre zum Dachdecker

WIE WEITER NACH DER SCHULE? Ich hatte die 10.-Klasse-Prüfungen schriftlich und mündlich hinter mich gebracht und bis zur Zeugnisausgabe war noch etwas mehr als eine Woche Zeit. Meine Leidenschaft fürs Fahrrad schlug durch und ich fuhr Richtung Ostsee, nach Stralsund. Dafür brauchte ich zwei Tage. In Stralsund schlief ich in einer Jugendherberge.

Als ich mir den Hafen anschaute, war da eine Anlegestelle der Weißen Flotte und es wurde unter anderem eine Rundfahrt um Rügen angeboten. Es gab noch Karten zu kaufen und so hatte ich für den nächsten Tag etwas vor.

Am nächsten Morgen regnete es, der Wind blies stürmisch. Ich komme an die Anlegestelle, da stehen bereits viele Menschen und warten darauf, auf das Schiff gelassen zu werden. Ein Mitglied der Schiffsbesatzung sagt: „Na, der Seegang ist heute ordentlich und der Wind wird nicht abflauen. Wer nicht fahren möchte, bekommt sein Geld wieder. Aber wenn zwei Drittel trotzdem fahren möchten, laufen wir aus."

Unter den Fahrgästen in der Schlange waren viele auf Betriebsausflug dabei und es entbrannte eine Diskussion: dass man doch kein Schlappschwanz sein soll. Und es würde schon nicht so schlimm werden, sonst würden die doch gar nicht fahren. Es wurden nur wenige Karten zurückgegeben und so konnte es losgehen.

Es war ein recht großes Schiff mit einem roten, einem blauen, grünen und einem gelben Salon, einem Restaurant, zwei Oberdecks, je einem Deck am Heck und am Bug. Die Fahrt begann recht ruhig. Ich hatte mir ein Pfeifchen gekauft und etwas Tabak, ich postierte mich an der Reling, schmauchte das Pfeifchen an und fühlte ich mich wie ein echter Seebär. Als wir an Hiddensee die offene See erreichten, wurde es unruhig auf dem Schiff. Die Wellen schlugen über den Bug bis zur Kommandobrücke – jetzt verstand ich, warum das Oberdeck und das Deck am Bug gesperrt waren.

Zum Mittag gab es ein Essen, das mir nicht so recht bekam. Ich musste die Toilette aufsuchen, bei der es drei Möglichkeiten der Entleerung gab: Eine ziemlich hoch hängende

Rinne, an der die Männer Schulter an Schulter standen und „Rolf" riefen. Dann gab es Urinale, die zweckentfremdet wurden. Und noch einige Kabinen, die ebenfalls besetzt waren. Ein Stehplatz wurde frei – den nahm ich sofort in Beschlag und mein Mittagessen war wieder raus. Danach ging es mir besser.

Auf dem nicht gesperrten Oberdeck musste man sehr aufpassen, denn manche Passagiere nutzten auch die Reling, um ihr Mittagessen wieder loszuwerden, wobei nicht jeder die Windrichtung beachtete und entsprechend die eigenen Klamotten und die anderer in Mitleidenschaft zog.

So ging ich unter Deck und versuchte, dort eine ruhige Bleibe zu finden. In den Salons gab es Sitzgruppen, die in Halbkreisen um Tische angeordnet waren, aber die Sitze waren alle mit mindestens zwei liegenden Personen besetzt, die bei jedem Auf und Ab des Schiffes laut stöhnten. Musste ich mir also einen anderen Platz suchen.

Wegen der starken See kamen wir nicht schnell voran, so dass wir in Saßnitz nur einen verkürzten Aufenthalt hatten. Das Schiff legte zudem ziemlich am Ende der Mole an, da sah ich keine Chance, zu Fuß den eigentlichen Hafen zu erreichen. Und schon legten wir wieder ab. Immer mehr Menschen ging es nicht gut. Zum Kaffee reichte man Apfelkuchen mit Schlagsahne, aber ich verzichtete und eine Pfeife rauchen wollte ich auch nicht mehr.

Als wir in den Greifswalder Bodden einfuhren, wurde die See deutlich ruhiger. Wir legten sicher in Stralsund an. Aber viele Fahrgäste mussten nun durch zwei Personen gestützt von Bord geführt werden. Ich dachte: Jetzt haben die Armen noch die ganze Busfahrt nach Hause vor sich. Ich hingegen stieg auf mein Fahrrad und fuhr zur Jugendherberge.

Dummerweise hatte ich unter meinem Kopfkissen einen 50-Mark-Schein versteckt – der war nun nicht mehr da und mein Zimmerkollege ebenfalls nicht. Das wäre mein Notgeld für die Zugfahrt zurück gewesen.

Am nächsten Tag stand für mich Rostock auf dem Programm, denn ich wollte die richtig großen Schiffe von nahem sehen! Das waren rund 70 Kilometer bis Rostock. Ich war gut eine Stunde unterwegs, da fing es stark an zu regnen. Umdrehen machte keinen Sinn mehr, also weiter. So kämpfte ich mich durch und fror wie ein Schneider. Ein LKW hielt an und der Fahrer fragte: „Wohin?" – „Nach Rostock." Ja, fuhr er auch, und so landete mein Fahrrad auf der Ladefläche und ich im geheizten Fahrerhaus.

Auf der Fahrt unterhielten wir uns super. Als ich dem Mann sagte, ich wolle zum Hafen, um die großen Schiffe zu sehen, sagt er mir, das ist nicht der richtige Ort. Der Hafen sei Sicherheitszone und da käme ich gar nicht hin. Ich solle nach Warnemünde fahren, denn dort muss jedes Schiff vorbei, das in den Rostocker Hafen rein- oder rausfährt. Er ließ mich aussteigen, hob mein Fahrrad von der Ladefläche und dann erklärte er mir noch den Weg. Es hatte inzwischen aufgeklart, der Regen wurde weniger.

Nach einer halben Stunde erreichte ich Warnemünde und es war so, wie er gesagt hatte. Es war einfach großartig, den Schiffen beim Rausfahren zuzusehen. Wie sie immer kleiner wurden, bis sie mit dem Horizont verschmolzen. Ich stellte mir vor, wo sie möglicherweise hinfahren könnten – und ich spürte Fernweh. Mir wurde klar, wohin überall es für mich unmöglich war zu fahren. Allein die nicht vorhandene Möglichkeit machte mich traurig, ganz abgesehen von der Frage, ob ich es mir finanziell überhaupt hätte leisten können, weite Reisen zu machen. Bis in die Nacht hinein saß ich am Kai.

Dann suchte ich mir eine Kneipe, in der man noch was zum Essen bekam. Die Kellnerin fragte ich, ob es noch irgendwo eine Schlafmöglichkeit gebe, aber sie machte mir da keine Hoffnung. So blieb ich in der Kneipe, solange die aufhatte, dann wollte ich mir was suchen. Da bot mir die Kellnerin an, für 5 Mark kann ich bei ihr in der Veranda schlafen und ein Frühstück gibt es auch. Was wollte ich mehr? Ich schlief wie ein Löwe und nach dem Frühstück brach ich bei schönem Wetter auf Richtung Heimat – mindestens zwei Tage Fahrt, denn es waren wieder 400 Kilometer, das alles mit meinem uralten Fahrrad ohne Gangschaltung. Zur Zeugnisausgabe war ich rechtzeitig wieder zu Hause, mit einem Erlebnis, das mich noch lange beschäftigen sollte.

Wir hatten acht Wochen Ferien und vier davon habe ich in Polen verlebt. In unserer Verwandtschaft gab es eine Tante Lenchen, die in Polen, in Wroclaw (Breslau) wohnte. Sie und ihre Schwester Irene sind in Schlaupe, heute Slupia, auf einem Bauerngut geboren, in einer Zeit, als dieses Gebiet noch zu Deutschland (Schlesien) gehörte. Am Ende des Zweiten Weltkrieges wurden große Teile von Schlesien an Polen abgegeben. Fast alle Deutschen mussten dieses Gebiet verlassen. Tante Lenchen und ihre Schwester Irene heirateten jeweils einen Polen und konnten bleiben. Durch Irenes Heirat konnten sie das Bauerngut behalten und weiter dort leben.

Meine Eltern hatten mit mir zusammen, einige Jahre vor meinem Urlaub, Tante Lenchen in Breslau besucht und wir fuhren damals zusammen mit ihr nach Schlaupe. Das Wichtigste auf dieser Reise war für mich Bengel damals der Kauf einer Zündplättchen-Pistole, denn die gab es in der DDR nicht. Um diesen Wunsch erfüllt zu bekommen, habe ich meine Eltern ganz schön gepiesackt. Schlaupe selbst aber blieb mir in guter Erinnerung. Ich fand dieses Leben auf dem urigen Bauernhof so beeindruckend, dass ich da unbedingt wieder hinwollte. Diesen Traum machte ich nun wahr. Mit der Bahn fuhr ich bis Breslau und dann bis Schlaupe mit dem Bus. Auf dem Bauernhof wurde ich herzlich empfangen. Irene und eine ältere Dame, sie war die gute Seele auf dem Hof und Mädchen für alles, sprachen mit mir Deutsch. Die einzige Fremdsprache, die ich in der Schule lernen musste, war Russisch und ich bin da nie über eine Vier hinausgekommen. Aber Russisch war bei den Polen gar nicht erwünscht. So blieben mir nur Hände und Füße zur Verständigung und es galt, mit aller Macht polnische Wörter zu lernen.

Zur Familie gehörten zwei Brüder, Zenek und Marek, und eine Schwester, Gabriella, die war sehr schön und ein paar Jahre älter als ich. Auf dem Hof gab es zwei Knechte, die in einer Kammer im Pferdestall wohnten. Sie wuschen sich am Brunnen auf dem Hof. Sie waren sehr muskulös und hatten kein Gramm Fett am Körper. Mein Schlafplatz war in der guten Stube, auf dem Sofa. Diese Stube wurde nur am Sonntag benutzt, und zwar zum Mittagessen und Kaffee trinken.

Morgens bekam ich ein gutes Frühstück und frische Milch, es war der Wahnsinn! Solch eine Milch hatte ich noch nie getrunken. Die Butter war selbst gemacht und schmeckte leicht salzig. Überall, wo ich mithelfen wollte, ließ man mich mit ran und zeigte mir, wie es geht.

Auf dem Hof gab es einen Traktor der Marke *Ursus*. Als das Getreide reif war, hängte Zenek an den Traktor einen

Mähbinder an, der das Getreide geschnitten und zu Getreidegarben gebunden hat. Die Garben wurden auf das Feld geworfen und die Frauen liefen hinterher und stellten mehrere Garben zu Puppen auf. Als die Flächen abgeerntet waren, haben wir die Getreidegarben mit Gabeln, die lange Holzstiele hatten, auf Anhänger geladen. Dazu stand ein Mann auf dem Anhänger und packte die Bündel auf eine beachtliche Höhe.

Mit der Fuhre ging es in die Scheune. Wieder mit Gabeln nahmen wir die Garben ab und schichteten sie auf bis unter das Dach der Scheune. Die Arbeit war sehr schwer, aber es wurde viel gesprochen dabei und immer wieder gelacht. Verstanden habe ich nichts, aber mich unendlich wohlgefühlt. In den Pausen gab es immer gut und reichlich zu essen und trinken. In der vierten Woche durfte ich auch schon mal den Traktor mit dem leeren Anhänger auf das Feld fahren, ich konnte mein Glück nicht fassen!

Sonnabend um 17 Uhr läuteten die Glocken und gefühlt alle Männer des Ortes gingen in die Kirche zur Andacht. Sie waren bekleidet mit schwarzen Hosen und weißen Hemden. Sie sangen so laut und so gut wie sie konnten, so etwas hatte ich bis dahin nicht gehört, es war sehr beeindruckend. Zu Hause gab es dann Abendbrot mit viel Wodka und roter Brause. Die Gespräche wurden lauter und lauter.

Am Sonntag ging die gesamte Familie, einschließlich Knechten, in die Kirche. Die Männer, wieder mit schwarzen Hosen und weißen Hemden bekleidet, setzten sich in die Bänke und standen in den Gängen. Die Frauen, auch alle schön angezogen, gingen auf die Empore. Ich hatte das Gefühl, die Kirche war bis auf den letzten Platz besetzt. Natürlich gab es Weihrauch am Altar und die Gesänge erklangen wieder sehr beeindruckend und kraftvoll. Danach gab es zu Hause Mittagessen und wenn die ältere Frau in den Heidelbeeren gewesen war, servierte sie die Beeren zum Nachtisch mit süßer Sahne. Ich hätte mich da hineinlegen können.

Am Nachmittag traf sich die Jugend des Dorfes und wir liefen zusammen in ein anderes Dorf, auf einen Saal zum Tanzen. Die Tische waren mit Packpapier eingedeckt und es gab wieder Wodka und rote Brause zum Trinken. Immer wieder wurde zugeprostet und die Wodkagläser mussten auch immer ausgetrunken werden, so dass ich, bevor ich überhaupt zum Tanzen kam, schon einen in der Krone hatte. Man konnte sich der Prozedur nicht entziehen.

Einmal gab es eine Schlägerei, die war so brutal, dass ich mich unter einem Tisch verkrochen habe. Als die Miliz kam, waren sich alle einig und gingen auf die Miliz los. Ich blieb unter dem Tisch, bis sich alle beruhigt hatten. An den Nachhauseweg kann ich mich nur schemenhaft erinnern. Am Montag, später Vormittag, schleppte ich mich auf das Plumpsklo am Rande der Mistgrube, um mich dort, oben wie unten, zu erleichtern. Mir war so schlecht und ich wollte nur zurück auf mein Sofa. Alle anderen, mit denen ich gefeiert hatte, waren schon seit frühestem Morgen bei der Arbeit!

Die vier Wochen waren viel zu schnell vorbei. Ich packte meinen Koffer. Es mussten nicht nur meine Sachen in diesen Koffer, sondern alles, was ich geschenkt bekommen hatte: mehrere Stücke Butter, mehrere Würste, Gläser mit eingeweckter Wurst, Schinkenspeck und zwei Flaschen süße Sahne. Der Koffer ging kaum zu und war unsagbar schwer. Der älteste Sohn, Zenek, begleitete mich nach Breslau. Wir gaben den Koffer auf dem Bahnhof in einer Aufbewahrung ab und kauften meine Fahrkarte. Nun hatten wir noch Zeit für eine Stadtbesichtigung in Breslau. Teilweise fuhren wir mit der Straßenbahn und teilweise erkundeten wir die Stadt zu Fuß. Es war sehr beeindruckend, vor allem der Breslauer Dom.

Zenek hatte in einem Laden etwas zu besprechen und gab mir zu verstehen, ich müsse nicht dabei sein und soll draußen auf ihn warten. So ging ich, den Laden immer in Sichtweite, auf der Straße hin und her. Es war eine Geschäftsstraße mit den verschiedensten Läden und Schaufenstern. Da sah ich in einer Fuge vom Pflaster ein Geldstück und kratzte es heraus. In diesem Moment rief Zenek nach mir und machte deutlich, wir müssen uns beeilen. Mehr oder weniger rannten wir zum Bahnhof, Koffer holen, zum Zug und einsteigen und schon ruckte es und der Zug fuhr los. Es war sozusagen in letzter Sekunde.

Ich suchte mir einen freien Platz und fand ein ganzes Abteil für mich. Der Koffer war viel zu schwer, ich versuchte gar nicht erst, ihn auf die Gepäckablage zu heben. Er blieb unten stehen. Nach etwa drei Stunden erreichten wir die Grenze, es war inzwischen dunkel geworden. Der Zug hielt an. Genossen der DDR-Grenzpolizei und vom Zoll kamen durch den Zug. Es wurden die Reisedokumente kontrolliert.

Ich war immer noch allein in meinem Abteil. Eine deutsche Genossin forderte mich auf, meinen Koffer zu öffnen. Sie sah, was ich alles an Lebensmitteln in dem Koffer hatte. An ihrem Gesicht erkannte ich: Oh, oh, das gibt Schwierigkeiten. Es sei verboten, das alles mitzunehmen, sagte sie, und es müsse verzollt werden und was ich mir dabei gedacht hätte. Ich sagte ihr, dass ich vier Wochen in Slupia bei Wroclaw auf einem Bauernhof war, bei der Ernte geholfen habe und das sind alles Geschenke. Sie klappte den Koffer zu und sagte, ich solle mich still verhalten. Das tat ich. Der Zug stand noch eine ganze Weile. Da kam die Genossin wieder an meinem Abteil vorbei und ging weiter. Ich griff in meinen Koffer, nahm ein Stück Butter heraus und wartete. Sie kam wieder zurück. Ich öffnete meine Tür einen Spalt und reichte ihr die Butter. Sie drehte sich kurz um, schüttelte den Kopf, nahm das Stück Butter und packte es in ihren *Bauchladen,* diese kleine mobile Klappvorrichtung fürs Kontrollieren und Stempeln der Dokumente. Zuklappen und „Hinsetzen" fauchen war eins und sie ging weiter. Nach einer Weile setzte sich der Zug in Bewegung und nach noch einmal zweieinhalb Stunden war ich zu Hause in Cottbus. Gut, dass vom Bahnhof bis nach Hause die Straßenbahn fuhr, meinen schweren Koffer hätte ich nicht schleppen können.

Zu Hause war die Freude groß: so viel lecker Essen und ich hatte viel zu erzählen! Bald war es Zeit, schlafen zu gehen. Als ich meine Hose über den Stuhl hängte, fiel etwas zu Boden. Es war das Geldstück, das ich in Breslau aus der Fuge im Pflaster gekratzt hatte. Ich hob es auf und schaute es mir genau an. Es war ziemlich verwittert oder verschmutzt und ich fing an, es zu putzen. Die Schrift konnte ich lesen – *Reichsmark* und eine *20.* Es waren 20 Reichsmark, eine Goldmünze! Das war der absolute Wahnsinn und unsagbares Glück, so etwas auf der Straße zu finden. Nun hatte ich ein wertvolles Andenken an meine Polenreise und ich würde die Münze hüten wie meinen Augapfel.

Damals, zu Beginn der 70er-Jahre, konnte man mit 15 Jahren den Mopedschein machen, wenn die Eltern das erlaubten. Also habe ich Mutter inständig gebeten, mir diese Erlaubnis zu erteilen. Für die Prüfung brauchte ich ein

Moped und das habe ich mit langem Bitten meinem Bruder Norbert abgerungen. Das Moped war eine *Simson SR 2*, hatte Pedalen wie ein Fahrrad und man startete auch so, indem man kuppelte und mit den Pedalen anfuhr und dann die Kupplung kommen ließ. Wenn man Glück hatte, sprang der Motor an und es konnte losgehen.

Ich hatte keine Lust, mein ausgeliehenes Moped durch die halbe Stadt zu schieben, also bin ich losgefahren, als ich aus der Sichtweite meines Bruders raus war. Es bestand die Gefahr, von einem Volkspolizisten kontrolliert zu werden. Aber ich hatte Glück! Weit vor dem Ort der Prüfung stieg ich ab und habe geschoben. Das war eine Eingebung – denn der Prüfer kontrollierte allen Ernstes, ob der Motor warm war und bei wem das zutraf, der wurde von der Prüfung ausgeschlossen, denn er war ja schwarzgefahren. Mein Motor war wohl so weit abgekühlt, dass ich meine Prüfung absolvieren durfte und ich habe bestanden.

Wir bekamen sofort unsere Fahrerlaubnis ausgehändigt und durften dann offiziell mit dem Moped vom Hof fahren. Ein unbeschreibliches Gefühl und ich habe gleich mal den Tank leer gefahren, bevor ich das Moped meinem Bruder zurückbrachte.

Nun hatte ich den Mopedschein, aber noch lange kein Moped. Abgesehen vom Geld, das ich dafür gebraucht hätte, gab es in der DDR-Mangelwirtschaft Mopeds nicht frei verkäuflich, ich musste mit mindestens drei Jahren Anmeldung rechnen. Der *Spatz*, der Nachfolger vom *SR 2*, kostete etwa tausend Mark. Dann brachte Simson ein Mofa auf den Markt, das *Simson Mofa 1*. Es kostete knapp 700 Mark. Die Höchstgeschwindigkeit betrug 30 km/h. Da es viele nicht haben wollten, war es frei verkäuflich. Ich wollte endlich ein

motorgetriebenes Fahrzeug besitzen – und habe es gekauft.
Das Mofa war sehr störanfällig und ich war ständig am Basteln oder in der Werkstatt. Es stellte sich bald heraus – es war ein Fehlkauf.

LEHRSTELLENSUCHE. In der zehnten Klasse sollte man sich für einen Lehrberuf entscheiden und die entsprechenden Bewerbungsunterlagen einreichen. Ich wusste nicht so recht, was ich lernen wollte. Da setzte sich mein Bruder Norbert für mich ein und ich konnte mich für eine Lehrstelle zum Betonfacharbeiter im *VEB BMK (Bau und Montagekombinat Kohle und Energie)* bewerben. Das war ein riesiges Kombinat mit rund 25 000 Beschäftigten, es bestand aus 15 Kombinatsbetrieben. Norbert arbeitete dort als Bauingenieur. Er hatte Zimmermann gelernt, sich zum Meister qualifiziert und mit einem fünfjährigen Fernstudium den Bauingenieur erreicht. Das war eine super Leistung!

Also stellte ich meine Bewerbungsunterlagen zusammen und schickte sie nach Spremberg. Es dauerte nicht lange und ich wurde zum Vorstellungsgespräch eingeladen. Dazu bekam ich sogar eine Freistellung von der Schule. Mutter und ich fuhren also mit dem Bus nach Spremberg. Rein ins Kombinat, rein in ein Büro. Ich hatte das Gefühl, so richtig will der Mensch hinter dem Schreibtisch gar nichts wissen von mir. Er sagte mir, dass ich als FDJ-Sekretär vorgesehen sei. Er sagte weiter, dass die theoretische Ausbildung in der Berufsschule Spremberg erfolgt und die praktische Ausbildung auf Baustellen im Bezirk Cottbus.

Ich fragte ihn, wieso er darauf kommt, aus mir einen FDJ-Sekretär machen zu wollen. Er holte etwas weiter aus ... Dass mein Bruder in verantwortlicher Stelle im Kombinat

tätig sei und man eigentlich auf meine Unterstützung ge-
hofft habe, denn meine Zensuren seien nicht unbedingt die
besten, um Forderungen stellen zu können. Ich empfand das
wie eine Erpressung, griff über den Schreibtisch, nahm
meine Unterlagen an mich und sagte: „Komm, Mutter, wir
gehen!"

Ich ging zur Tür und wartete darauf, dass Mutter ebenfalls aufstand und wir zusammen gehen können. Aber Mutter fing an zu weinen, der Mann hinter dem Schreibtisch ar-
tikulierte ziemlich laut, ich würde schon sehen, wie weit ich
mit so einer Einstellung komme und wir bräuchten uns dort
keinesfalls noch mal sehen lassen.

Wir gingen zum Busbahnhof, Mutter machte einen sehr
niedergeschlagenen Eindruck und weinte leise vor sich hin.
Als wir in Cottbus aus dem Bus stiegen sagte sie: „Was
werde ich noch alles mit dir erleben müssen?" Mich berührte
diese Angelegenheit gar nicht weiter, war ich doch erst am
Anfang meiner Lehrstellensuche und FDJ-Sekretär – das
ging gar nicht!

Das Schuljahr näherte sich dem Ende, ich hatte immer
noch keine Lehrstelle und machte mir auch keinen Kopf darüber. Die Prüfungen hatte ich alle bestanden und das war
das Wichtigste. In der *Gaststätte Zum Stadttor* feierten wir
unsere Zeugnisausgabe und meine Klassenlehrerin ermahnte
mich noch mal eindringlich, mir eine Lehrstelle zu suchen.
Die großen Ferien begannen und ich wollte mit meinem
Freund Matthias nach Rothenburg und dort – wie er – eine
Ausbildung als Krankenpfleger für geistig behinderte Menschen machen. Mehrfach hatte ich dort schon gearbeitet und
es hatte mir immer Spaß gemacht. Aus dem Ausbildungs-
platz wurde nichts.

Aber ich hatte ein entscheidendes Gespräch mit Körner Senior, dem Vater von Matthias. Ob ich schon mal darüber nachgedacht hätte, Dachdecker zu lernen. Die PGH Bedachung suche dringend Lehrlinge und außerdem könne ich da dann auch meinen Meister machen. Ach ja, das gefiel mir! Als Meister kann man sich selbstständig machen oder eine entsprechende leitende Tätigkeit ausführen. Gebongt. Alles andere, Vertrag und so, war dann nur noch Formsache.

LEHRZEIT. Mein erster Tag begann beim Chef im Zimmer, zur Arbeitsschutzbelehrung. Außer mir gab es noch einen Lehrling, der hatte einen 8-Klassen-Abschluss, musste drei Jahre lernen, also eins mehr als ich. Mit Uli, unserem direkten Chef, war ich per Du, denn wir kannten uns schon lange durch seinen Bruder Matthias. Nach der Arbeitsschutzbelehrung stiegen wir in einen *Wolga*, einen PKW russischer Herkunft, und fuhren durch Cottbus auf die Baustelle, die Erweiterte Oberschule an der Puschkinpromenade. Es war ein riesiges Dach und das wurde umgedeckt, was heißt: Die alten Ziegel aufnehmen, säubern und neu mit Mörtel wieder eindecken. Es ging gleich los. Ich sollte bei einem Kollegen, der mit dem Eindecken einer Kehle beschäftigt war, die Ziegel mit einer Ziegelzange zurechtkneifen. Das war nicht so einfach und er meinte, ich bräuchte zu lange! Als ich den dritten Ziegel gekniffen hatte, bemerkte ich die ersten Blasen an der Hand. „Zeig mal her", sagte der Kollege, was ich auch bereitwillig tat – und er spuckte auf die Blasen.

Am nächsten Tag ging es weiter mit Ziegel putzen. Der Schmutz und der restliche Mörtel mussten vom Ziegel. Wie am Vortag dauerte es nicht lange und weitere Blasen bildeten sich. Nach acht Uhr sollte ich jeden Kollegen fragen, was er zum Frühstück haben möchte. Mit uns beiden Lehrlingen waren wir sechs Mann auf der Baustelle. Frühstückswünsche – von Jagdwurst über Klopse bis Fischbüchse, Brötchen, Brause, Wasser und Milch war alles dabei. Ich zog also los und kaufte ein und verstaute alles so gut es ging an meinem Fahrrad. Endlich komme ich an der Baustelle an, entere den Pausenraum – es war ein Verschlag im Gebälk des Dachstuhls –, will stolz meine Einkäufe präsentieren – da stehen alle auf und die Arbeit geht weiter. „Du warst zu langsam!" Ich stammelte rum: „Es standen überall Leute und ich musste warten." Ein Kollege klärte mich auf: „Du gehörst zur arbeitenden Bevölkerung und darfst vorgehen!"

Am nächsten Tag ich also wieder los, laufe an der Schlange vorbei – aber ich hatte nicht mit den Frauen in der Schlange gerechnet, die erzählten mir was anderes! Am Freitag waren die Schlangen noch länger als unter der Woche und es war ausgerechnet Freitag. Aber ich schaffte es diesmal, mit meinen Einkäufen so einzutreffen, dass ich noch frühstücken konnte, bevor die Pause zu Ende war.

Nach der ersten Woche war ich mir nicht mehr so sicher, ob ich diesen Beruf wirklich erlernen möchte. Meine Kollegen hatten mir gezeigt, wo der Hammer hängt und dass es nicht von Bedeutung war, wenn man mit dem Chef per Du ist und mit dem Wolga auf die Baustelle gefahren wird. Entscheidend war auch nicht, ob ich mal irgendwann Meister werden würde, sondern dass ich den Beruf von der Pike auf, in all seinen Facetten, lernen muss und dass das alles andere als Zuckerschlecken bedeutet. Das hatte ich sehr schnell kapiert.

Als die ersten zwei Wochen um waren, war es schon nicht mehr so anstrengend und ich konnte mir bei den erfahrenen Kollegen sehr viel abgucken, womit der eine oder andere Handgriff einfacher wurde. Ja, jetzt hatte ich den Eindruck, der Beruf wird mir Spaß machen und er machte mich auch stolz. Jedem, der es hören wollte, erzählte ich, dass ich an dem großen Dach von der Erweiterten Oberschule mitarbeite und das in einer Höhe bis zu 30 Meter!

BERUFSSCHULE. Dann kam der Tag, an dem ich für drei Wochen in die Berufsschule nach Neustadt/Orla fahren musste. Wir wohnten in einem Internat, einem alten Schloss. Die Zimmer waren unterschiedlich groß, auf unserem Zimmer waren wir acht Leute. Neben uns Dachdeckern gab es noch die Glaser und Schornsteinfeger.

Zur Berufsschule liefen wir quer durch den Ort, an sein anderes Ende. Es gab etliche Kneipen, in denen wir unser Bier trinken und, wenn die Verpflegung richtig schlecht war, auch mal eine Kleinigkeit essen konnten.

Mir gefiel es in diesem kleinen verträumten Thüringer Städtchen. Es gab auch eine katholische Kirche, da bin ich mal zur Sonntagsmesse gegangen – ein ganz alter Pfarrer und die Gemeinde nicht wesentlich jünger. Es blieb bei einem Besuch.

Der Unterricht war interessant und ich begriff zum ersten Mal, wozu es wichtig ist, theoretisch Bescheid zu wissen – um in der Praxis das Wissen anwenden zu können und sich damit die Arbeit zu erleichtern. Die Verbindung von Praxis und Theorie war für mich das erste Mal erfahrbar. So bekam ich gute Noten, für mich ein neues, sehr angenehmes Gefühl. Ich merkte auch sehr schnell, dass meine praktische Ausbildung im Arbeitskollektiv mit meinen Kollegen recht gut war, es passte einfach alles. Andere Lehrlinge konnten nicht so überzeugend von ihrer Arbeit berichten. Ihre Baustellen waren eintöniger und lange nicht so vielseitig wie bei uns im Betrieb.

Was nach wie vor ätzend war: der Staatsbürgerkundeunterricht. Den erteilte der Direktor persönlich. Ein Phrasendrescher vor dem Herrn, er erzählte staubtrocken und ließ keine Diskussion zu. Immer wieder versuchte ich, mit einer anderen Meinung zu provozieren, aber er ließ sich auf nichts ein. Wenn wir eine Leistungskontrolle schreiben mussten, dann bekam er von mir das, was er hören wollte. Bei der Rückgabe der Arbeiten konnte er sich nie die Bemerkung verkneifen, dass er es nicht begreifen wird, warum ich immer so schräg diskutieren wolle, denn ich wüsste doch Bescheid. Ach was für ein Kleingeist er doch war!

Auch eine Woche vormilitärische Ausbildung hatten wir. Wir mussten eine Uniform der *GST (Gesellschaft für Sport und Technik)* anziehen. Das Internat verwandelte sich in eine Kaserne und am Eingang bezog eine Wache Posten. Die bekam sogar ein Luftgewehr. Das wurde am ersten Morgen aber eingezogen, denn die Jungs hatten sich Munition besorgt – gab es in jedem Sportgeschäft – und die ganze Nacht rumgeballert. Die Spuren waren nicht zu übersehen. Ab sofort war die Wache unbewaffnet.

Der Tag begann mit einem Appell und der Tag endete mit einem Appell. Alle Wege, die wir gehen mussten, zum Essen, zur Ausbildung in den Wald und zurück ins Internat, alles im Gleichschritt. Unsere Erzieher, jetzt militärische Ausbilder, hatten ihre wahre Freude daran.

An den Wochenenden war es sehr eintönig im Internat und so mancher kam auf doofe Gedanken. So wurden zum Beispiel Tätowierungen ausgeführt. Sehr beliebt war das

Dachdecker-Zunftzeichen, das besteht aus Schieferhammer, Ziegelhammer und Zirkel. Mein Tattoo habe ich heute noch auf dem linken Unterarm. Dafür hatte ein Kollege drei Nadeln mit Garn zusammengebunden, in Ausziehtusche getaucht und dann gestochen. Jetzt war auch nach außen erkennbar, zu welcher Zunft ich gehörte und ich wurde öfters darauf angesprochen. Es ist aber das einzige Tattoo geblieben.

Meine Haare hatte ich damals im Lehrlings-Internat schulterlang und sie waren fettig und strähnig. So stand ich eines Tages vor dem Spiegel und habe laut gedacht: „Montag gehe ich zum Friseur." Die Reaktion der Jungs auf der Bude: „Machste ja doch nicht." – „Na klar", sagte ich, „und wenn noch 50 Mark rausspringen, lasse ich mir sogar eine Glatze schneiden."

Draußen regnete es, wir hingen in unseren Betten. Nach einer Weile ging die Tür auf und einer aus unserem Zimmer kam herein und schüttete zwei Hände voll Hartgeld auf den Tisch. Ich hatte gar nicht gemerkt, dass er das Zimmer verlassen hatte. „Heine, jetzt musst du ran, hier sind die 50 Mark, also Glatze schneiden", war seine Botschaft. Ich dachte nach. Wie sollte ich aus der Nummer wieder rauskommen? Das Geld konnte unmöglich an die Spender zurückgegeben werden, es war gar nicht mehr feststellbar, wer wie viel gespendet hatte. Die Nachricht verbreitete sich wie ein Lauffeuer und jeder im Internat wusste Bescheid. Eine verfahrene Kiste!

Als wir am Montag aus der Schule ins Internat zurückkamen, wurde ich vom Heimleiter abgefangen und ins Heimleiterzimmer gebeten. Oh, dachte ich, jetzt gibt es was auf die Ohren. Aber er übergab mir lediglich einen Zettel mit einem Gedicht, das sollte ich beim Appell am Nachmittag vortragen, wenn die Fahne hochgezogen wird. Ich weiß heute nicht mehr, warum dieser Appell notwendig war, vielleicht hatte Fritz Heckert Geburtstag, denn unsere Schule hieß nach Fritz Heckert, dem Politiker und Namensgeber für die Bestarbeiter-Medaille. Ich war froh, dass es nur um den Appell ging und verschwand ganz schnell wieder aus der Heimleitung, meinen Zettel in der Hand.

Es war im Laufe des Tages ausgemacht worden, dass jeder, der etwas zu den 50 Mark dazugegeben hatte, zu uns aufs Zimmer kommen konnte und mit einer Schere einen Teil meiner Haarpracht abschneiden durfte.

Ein Stuhl wurde in die Mitte des Zimmers gestellt, ich nahm Platz und einer nach dem anderen schnippelte an meinem Kopf herum. Es gab viel Spaß dabei und ich las mir in der Zeit das Gedicht durch. Irgendwann konnten die Scheren nichts mehr abschneiden, die Haare waren zu kurz. Ich stand auf und betrachtete mich im Spiegel. Und erschrak zutiefst über das, was mich da ansah. Ein unförmiger Kopf mit Segelohren und mal mehr und mal weniger Haaren, so konnte es nicht bleiben! Kurzer Entschluss: Der Kopf muss rasiert werden.

Seife und Pinsel hatte ich schnell zur Hand, ich seifte den Schädel ein. Dann kam der Rasierapparat mit Klinge zum Einsatz, hin und wieder schnitt ich natürlich auch mal einen Dreiangel in die Kopfhaut. Irgendwann war die Prozedur zu Ende, mein Kopf brannte ein wenig und ich schaute vorsichtig in den Spiegel. Ein weißer Kopf mit Segelohren, nun ja schön ist anders! Jetzt brauchte ich eine Pudelmütze.

Da kam auch schon der Ruf: „Raustreten zum Fahnenappell!" Wir gingen alle raus auf den Platz und nahmen

Aufstellung, jede Klasse für sich. Unser Klassenlehrer zischte mir zu: „Heine, vor neben die Fahne!" So ging ich nach vorn, stellte mich neben die Fahnenstange. Der Fahnenappell konnte losgehen. Unser Direktor kam behäbig nach vorn gehumpelt und sagte zu mir: „Heine, Mütze ab!" Ich zögerte kurz, aber Anweisung ist Anweisung und ich nahm langsam die Mütze ab. Was dann passierte war wie inszeniert. Zuerst lachte unsere Klasse laut los, die wussten ja Bescheid. Und dann ging die Lachwelle durch alle Klassen, einschließlich Lehrer und Erzieher. Zwei lachten nicht – der Direktor und ich.

Es kam keine Ruhe mehr rein, die feierliche Stimmung war zerstört. Die Klassen rückten ab ins Internat, der Fahnenappell war beendet und ich musste mit dem Direktor in die Heimleitung. Ich sollte mich erklären, was ich mit dieser Provokation bezwecken wollte. Ich sagte, dass ich meiner langen Haare überdrüssig geworden war und sie darum abgeschnitten hätte und sonst nichts. Der Direktor kniff die Augen zusammen: Man werde die Sache genau untersuchen und sollte man feststellen, dass zum Beispiel eine Wette der Grund für diese Aktion sei, einen Schulverweis prüfen.

Diese unangenehme Unterredung war schnell beendet, ich ging auf mein Zimmer und stellte fest, dass ich Durst verspürte. Mehrere Zimmerkollegen waren der gleichen Meinung und wir zogen los, ins Schlosskaffee, schräg gegenüber – von der Handvoll Hartgeld hat den Abend keine Münze überlebt und so war auch das letzte Beweismaterial vernichtet. Ich hatte nur noch ein Problem: bei meiner Rückkehr aus dem Internat meiner Mutter diese Glatze zu erklären.

Dafür erfand ich eine ganz banale Geschichte. Im Internat wurden Renovierungsarbeiten ausgeführt und dabei ist mir eine größere Menge Farbe auf den Kopf gekleckert, die ich nicht mehr rausbekam. Da mussten die Haare ab. Mutter war von dem Wahrheitsgehalt nicht so recht überzeugt, denn es müssten dann doch auch Kleidungsstücke in Mitleidenschaft gezogen worden sein. Und das sei ja nun wohl nicht der Fall!

Nach Neustadt/Orla fuhr ich üblicherweise mit der Eisenbahn, von Cottbus nach Leipzig und dann weiter über Saalfeld nach Neustadt. Mit Aufenthalt zum Umsteigen in Leipzig dauerte das fünf Stunden. Einmal wollte ich es per Anhalter versuchen. Ich habe mich also an die Autobahnauffahrt in Cottbus gestellt und Richtung Dresden meinen Daum hochgehalten. Es dauerte keine zehn Minuten und ich saß in einem *Wartburg* (PKW der DDR), der nicht nur nach Dresden fuhr, sondern weiter auf der heutigen A 4 nach Karl-Marx-Stadt (heute Chemnitz).

Vor Karl-Marx-Stadt gab es einen Rasthof und wir einigten uns, dass ich dort aussteige, in der Hoffnung, schnell weiterzukommen. An diesem Rasthof ging ich Richtung Ausfahrt und wieder Daumen hoch. Es war wie verhext, keiner wollte mich mitnehmen. Also bin ich zurück zum Parkplatz und habe die Menschen direkt angesprochen. Auch das war nicht erfolgreich, ich sah nur in abweisende Gesichter. Auf einmal sprach mich ein junger Mann an. Er habe beobachtet, dass ich vergeblich versuche, eine Mitfahrgelegenheit zu bekommen, ich könne mit ihm mitfahren. Na, endlich klappt es, ich folgte ihm zu seinem Auto. Hoppla! Das war ja ein *Audi 100* mit Westberliner Kennzeichen. Am Auto warteten noch zwei junge Frauen und ein weiterer junger Mann, Studenten, wie sich später her-ausstellte, die mit Vaters dicker Kiste einen Kurzurlaub in der BRD vorhatten.

Meine Sachen waren schnell verstaut und ich saß wie ein Pascha zwischen zwei jungen Mädels auf der Rückbank in einem Westauto. Eine Büchse Bier und eine Zigarette und ab ging die Fahrt auf ostdeutscher Autobahn: dam, dam; dam dam; dam dam; Richtung Westen.

Als wir in Triptis die Autobahnabfahrt erreichten, sagte ich, dass ich nun raus muss. Auf die Frage, wie weit es dann noch für mich ist, sagte ich: „Zehn Kilometer, aber ich finde schon jemanden!" Der Fahrer gab Gas und meinte, die zehn Kilometer schaffen wir auch noch.

Und dann passierte das, was später *der Vorfall* heißen sollte: Ein Westauto fährt auf den Schlosshof und hält genau vor dem Internat. Ich steige aus, hole meine Sachen aus dem Gepäckraum und verabschiede mich von meinen neuen Freunden. Da bekomme ich noch eine Stange Zigaretten geschenkt, vier Autotüren fallen ins Schloss und der Wagen rauscht vom Hof, aus den geöffneten Fenstern winken viele Arme. Im Internat hinter mir war in Windeseile kein Fenster unbesetzt und das abfahrende Auto wurde mit lautem Geschrei verabschiedet.

Mit meinen Zigaretten kam ich nicht weit. Sofort musste ich im Raucherraum eine Internatsrunde ausgeben. Am nächsten Tag hatte ich einen Termin beim Direktor und sollte mich für den gestrigen Vorfall erklären. Ich sagte, das sei sehr schnell getan, wir hätten nämlich zu Hause Verwandte zu Besuch gehabt, aus dem Westen, und die hätten mich mitgenommen, als sie nach Hause gefahren sind. Ich wurde belehrt, dass auf dem Internatshof kein privates Kraftfahrzeug einfahren darf – und schon gar nicht aus dem kapitalistischen Ausland!

PFUSCHEN. Bereits im ersten Lehrjahr habe ich auch in anderen Brigaden arbeiten müssen. Eine Zeitlang bei Hans und Klaus. Hans war Dachdeckermeister und mit seinem Betrieb in die PGH eingetreten. Klaus war Dachdeckerhelfer und ein netter Kerl. In seinem vorhergehenden Leben hatte er sich als Berufssoldat an der deutsch-deutschen Grenze verdingt, er wohnte damals in Heiligenstadt. Da ich durch meinen Bruder Reinhard Heiligenstadt ebenfalls kannte, hatten wir uns viel zu erzählen.

Klaus nahm mich nach Feierabend mit auf seine *Pfusch*-Baustellen. Pfuschen – so nannten wir unsere Tätigkeit nach Feierabend. Der Sozialismus war eine ausgesprochene Mangelwirtschaft und der Bedarf an Handwerkerleistungen größer als das, was die regulären Firmen abdecken konnten. Darum blühte die Schwarzarbeit. Bis nachmittags um vier hatten wir auf der Baustelle zu tun und dann ging es noch mal los, auf die privaten Baustellen. So auch an den Wochenenden.

Mit Klaus war ich nun ein Team. Er besorgte die Aufträge und zusammen arbeiteten wir sie ab. Klaus hatte eine stattliche Figur mit gehöriger Leibesfülle und alle Kunden sagten Meister zu ihm. Ich war sein Lehrling und führte seine Anweisungen aus.

Meistens reparierten wir kaputte Dachziegel, Firsten und Grate oder verklebten Pappe auf Garagen. Klaus wusste, wie es geht, und wenn wir doch mal nicht weiterkamen, überlegten wir zusammen, wie wir es doch hinbekommen. Unsere Baustellen dauerten immer nur ein paar Tage. Wenn es dem Ende zuging, besprachen wir, was wir dem Kunden abverlangen sollten. In der Regel arbeiteten wir für 8 Mark die Stunde. Das war viel, denn unser Monatslohn für den

ausgelernten Dachdecker belief sich auf etwa 450 Mark ausgezahlt, bei 180 Arbeitsstunden.

Bevor wir also beim Kunden das letzte Mal arbeiteten,
überlegten wir, was wir nehmen werden und die Summe
stand für uns fest. Beim Abendbrot oder Kaffee, je nachdem,
wann wir fertig wurden, kam die Frage an Klaus: „Meister
was bekommen Sie?" Das war Klaus' Rolle. Sein Blick wurde
nachdenklich, er griff in die Jackentasche und zog ein kleines Notizbuch heraus mit einem Bleistift. Nun kniff er die
Augen zusammen und überlegte, schrieb etwas in sein Büchlein. Das wiederholte sich mehrmals. In der Regel war es dabei sehr ruhig, es wurde nicht gesprochen. Dann kam der
Moment, wo Klaus einen Strich unter seine Aufzeichnungen
zog und die Zahlen zusammenrechnete. Erstaunlicherweise
kam genau die Summe raus, die wir vorher besprochen hatten.

Diese Summe wurde immer akzeptiert, sie wurde immer
aufgerundet und obendrauf gab es noch für jeden ein Trinkgeld. Klaus steckte das Geld und sein Büchlein in die Jackentasche, wir bedankten uns und packten unsere sieben
Sachen.

Wir waren immer mit unseren Fahrrädern unterwegs und
ich hatte meistens einen Anhänger für Werkzeug, Leitern
und Material. Wenn wir um die zweite Ecke nach unserer
Baustelle abbogen, machte Klaus eine Vollbremsung, griff in
seine Jackentasche und das Geld wurde zu gleichen Teilen
aufgeteilt. Wenn ich bei anderen Kollegen auf dem Schwarzbau geholfen habe, bekam ich als Lehrling weit weniger.
Also arbeitete ich immer wieder gern mit Klaus.

FACHARBEITERPRÜFUNG. Ich hatte sehr viel Freude beim Lernen des Dachdeckerberufes. Meine Leistungen waren nicht schlecht, ich bemerkte, dass es auch für mich Einsen und Zweien geben kann. Meine Zeugnisse waren gut! Zur Prüfung gehörte die Hausarbeit. Es wurde ein Thema vorgegeben und man musste in einem ausführlichen Bericht dieses Thema erläutern. Auch das machte mir viel Spaß. So ging ich gut vorbereitet in die praktische Prüfung. Sie fand in Krauschwitz bei Spremberg statt. Meine Aufgabe: eine Giebelkante in Mörteldeckung mit Biberschwanzziegel am realen Objekt herstellen. Dazu gab es ein Zeitfenster, in dem ich die Aufgabe erfüllen musste.

Weil ich Giebelkante mit Unterplattung sehr gut fand, legte ich los. Wohlgemerkt: Ich baute mit Unterplattung. Als ich ein Drittel der Giebelkante fertig hatte, sagte ein Mitglied der Prüfungskommission, ich solle wieder zurückbauen und mein Werkzeug saubermachen. Alle anderen Prüflinge hatten die Giebelkante *ohne* Unterplattung ausgeführt. Es war ein reales, also ein echtes Objekt und weil die Arbeiten daran gleich weitergeführt werden sollten, musste ich meine Arbeit zurückbauen, weil sie aus der Rolle fiel. Meine Prüfung war nach einem Drittel beendet, alle anderen Prüflinge mussten ihre komplette Giebelkante herstellen. Für meine Arbeit bekam ich eine Zwei.

Nach dem Mittag war dann die Verteidigung der Hausarbeit. Dafür war ich gut vorbereitet und erhielt auf die Hausarbeit ebenfalls eine Zwei. Wir bekamen die Ergebnisse sofort mitgeteilt und deshalb waren wir mit bestandener Facharbeiterprüfung ab dem nächsten Tag Facharbeiter. Ich war stolz wie Bolle. Auf der Rückfahrt eröffnete mir mein Chef: „Du hast mit gut abgeschlossen, da kannst du eine

Lohngruppe überspringen." So begann ich am nächsten Tag als Facharbeiter meine Arbeit, mit der Lohngruppe 6, das waren etwa 480 Mark ausgezahlt.

Dem Himmel ganz nah

Das riesige Dach der Erweiterten Oberschule in Cottbus beschäftigte uns sehr lange. Ich muss schon im zweiten Lehrjahr gewesen sein, als ich zum wiederholten Male auf dem Dach zu tun hatte. Es war ein schöner Sommertag. Sonne und Wolken wechselten sich ab, es war nicht zu heiß und die Arbeit ging gut von der Hand. Ein Geselle, ein Helfer und ich waren bis zum Frühstück mit Transportarbeiten beschäftigt.

Das Material wurde mit einem Seilaufzug nach oben befördert. Ein interessantes Gerät. Auf der Erde stand eine Seiltrommel mit einem großen Elektromotor, der mit Starkstrom angetrieben wurde. Mit einem Hebel konnte man eine Bremsvorrichtung an der Seiltrommel lösen beziehungsweise in die andere Richtung mit dem Antrieb des Elektromotors verbinden. Um das alles war ein Blechkasten montiert, als Wetterschutz und damit niemand in die Räder und Seile eingreifen konnte, also zum Arbeitsschutz. An vier Griffen konnte das Gerät aufgehoben und verladen werden. Dazu brauchte man vier kräftige Männer, denn das Ding wog etwa 200 kg. Hier auf unserer Baustelle war der Kasten an den vier Griffen mit Erdnägeln im Boden verankert. Von der Kiste aus war ein Seil gespannt, das oben am Dachstuhl an einem Holzbalken befestigt war.

Zwischen der Kiste und dem obersten Haltepunkt wurde eine Höhe von rund 20 Metern überwunden. An dem gespannten Seil ging über eine Rolle ein Schlitten. An dem Schlitten wiederum führte ein Seil nach oben und über eine Umlenkrolle wieder nach unten. An diesem Seil wurde der Schlitten nach oben gezogen. Der Schlitten nahm das Material auf. Wurde der Hebel an der Kiste angezogen, löste sich die Bremse und der Elektromotor bewegte die Trommel, auf der das Seil aufgewickelt war. Der Schlitten schaukelte an dem gespannten Seil nach oben. Der Mann oben gab ein Handzeichen und im selben Moment musste man den Hebel in die Nullstellung bringen. Durch die Bremse wurde die Seiltrommel festgehalten. Der Mann oben entlud den Schlitten und gab wieder ein Handzeichen.

Jetzt wurde mit dem Hebel vorsichtig die Bremse an der Seiltrommel gelöst und der Schlitten sauste an dem gespannten Seil in freiem Fall nach unten. Rechtzeitiges Bremsen war notwendig, damit der Schlitten auf der Erde langsam aufsetzte. Dieser Vorgang wiederholte sich, bis das gesamte Material oben angekommen war. Den Schlitten konnte man etwa mit 30 kg beladen, das entspricht genau 20 Biberschwanzziegeln.

Für einen Quadratmeter Dachfläche benötigt man 46 Stück. Das Dach hatte eine Größe von 1 200 m². Die Befestigung der Ziegel erfolgte mit Mörtel, also mussten noch Sand, Kalk und Zement mit auf das Dach. Der Seilaufzug war ein technisches Hilfsmittel, das unsere Arbeit merklich erleichterte.

Ältere Gesellen erzählten gern von sogenannten *Huckern*. So nannte man Hilfskräfte, die Dachziegel auf dem Rücken durch das Treppenhaus nach oben auf den Dachboden getragen haben. Auf ein auf einer Seite gepolstertem Brett mit einem Widerlager (also in L-Form) wurden 30 Biberschwanzziegel gestapelt, auf einen Hocker gestellt, so dass man das Brett mit dem Rücken aufnehmen konnte. Mit einem Strick, der gleichzeitig die Biberschwanzziegel fixierte, konnte man alles festhalten und hochtragen. Bei einem dreistöckigen Haus bekam der Hucker in den 40er-Jahren fünf Mark für 1 000 Ziegel! In den meisten Fällen hatten diese Menschen vorher schon acht bis zehn Stunden in der Fabrik gearbeitet. Nach dem Frühstück haben wir jedenfalls die vorher hochgezogenen Ziegel auf der Dachfläche in Mörteldeckung eingedeckt. Es war eine monotone, schwere körperliche Arbeit, die wir mit manchen rauen Späßchen auflockerten.

Vom Oberkirchturm hörte ich das Läuten der Glocken, es war 12 Uhr, Mittag. Für die Pausen hatten wir uns auf dem Dachboden einen Verschlag aus Brettern gebaut, wo wir auch unser Werkzeug lagern konnten und der nach Feierabend verschlossen wurde.

Ich hatte zum Frühstück bereits meine Stullen-Büchse leer gefuttert und auch keine Lust, bei dem schönen Wetter in dem dunklen Raum zu sitzen. Also kletterte ich über zwei lange Leitern in die Dachspitze. Dort hatten wir ein Dachaussteigefenster eingebaut, durch das ich aufs Dach hinausstieg. Neben und unter dem Fenster waren Stützen im Dach eingebaut, auf denen Gitterroste befestigt waren, eine Laufsteganlage. Schornsteinfeger und andere Gewerke nutzen sie, um über das Dach an Schornsteine oder Antennen zu gelangen.

Ich stieg auf die Laufsteganlage, setzte mich hin, lehnte mich mit dem Rücken an den Dachfirst, ließ die Beine baumeln und genoss die Aussicht über die Puschkinpromenade zur Stadtmauer mit dem Münzturm, dem Gerichtsturm, dem Turm der Oberkirche und dem Rollerberg. Sah dabei auf die vorbeiziehenden Wolken und dachte so: Was lernst du doch für einen schönen Beruf! Hoppla! Ich war eingeschlafen. Ich öffnete die Augen und flog durch den Himmel, durch Wolken! In meinem Bauch hatte ich das Gefühl wie auf einem Riesenrad, wenn es nach unten geht. Was passierte da gerade? War ich auf dem Weg in den Himmel? Wo war ich überhaupt? Mit den Händen tastete ich rechts und links, ob da was war. So bekam ich das Gitter vom Laufsteg zu packen und hielt mich daran fest. Langsam bewegte ich den Kopf nach vorn und schaute in die Tiefe. Das Kribbeln im Bauch wurde stärker, ich hatte das Gefühl, mich übergeben zu müssen.

Langsam wurde mir bewusst, wo ich mich befand und wie ich da hingekommen war. Nach und nach begriff ich auch, in welche Gefahr ich mich begeben hatte. Eine unüberlegte Bewegung und ich hätte die zwölf Meter lange, steile Dachfläche abrutschen und 20 Meter in die Tiefe stürzen können. Langsam gewöhnte ich mich wieder an die mir nicht unbekannte Situation der Höhe. Das Kribbeln hörte auf und die Sicherheit kam zurück. Ich kletterte durch die Dachluke in den Dachboden, ging wieder an meine Arbeit und erzählte niemandem davon.

Eine interessante Erfahrung, dieses Fliegen. Vielleicht ist es nach dem Ableben so, wenn die Seele den Körper verlässt und ihre Reise antritt? Nicht schlecht, dachte ich schon damals, aber das hatte noch Zeit, ich war ja erst am Anfang meines langen und spannenden Lebens.

Hannes auf großer Fahrt?

In der *Lausitzer Rundschau,* dem Presseorgan der *SED (Sozialistische Einheitspartei Deutschlands)* im Bezirk Cottbus, konnte man oft Anzeigen des *VE Kombinat Seeverkehr und Hafenwirtschaft Deutfracht Seereederei Rostock* lesen. Es wurden Arbeiter für die Handelsflotte der DDR gesucht. Ich hatte gerade meine Lehre als Dachdecker abgeschlossen. Da kam mir die Idee, mich als Decksmann zu bewerben. Als Decksmann hatte man Arbeiten am Schiff auszuführen und es war von Vorteil, wenn man den Abschluss in einem handwerklichen Beruf in der Tasche hatte. Die DDR gehörte zu diesem Zeitpunkt zu den wichtigsten Seefahrernationen mit 200 Schiffen und 10 000 Seeleuten und sie alle waren international auf allen Weltmeeren unterwegs, also auch im nichtsozialistischen Ausland, Nordamerika, Südamerika, Asien ... Neben dem Abenteuer schlechthin winkte wohl auch eine Möglichkeit abzuhauen und der DDR Lebewohl zu sagen.

Die Wahrscheinlichkeit, dass ich genommen werde, war sehr gering ... Allein wegen meiner politischen Einstellung und dann hatten wir ja auch noch Verwandtschaft in Westdeutschland. Egal, ich setzte mich hin und schrieb eine Bewerbung.

Als ich Antwort-Post aus Rostock bekomme, staune ich nicht schlecht, was ich da lese: Sie bestätigen mir, dass sie meine Bewerbung erhalten haben und gleichzeitig laden sie mich ein zum Vorstellungsgespräch in die Räume vom Veteranenclub am Amtsteich.

Mit wenig Hoffnung auf Erfolg trete ich also an zum Termin im Veteranenclub. Wir reden ... Und ich falle aus allen Wolken, als es hinterher heißt, dass ich nach Berlin zum

Gesundheitstest eingeladen werde. Also war ich ein Stück weiter. Langsam fing ich an zu träumen!

Es dauerte ein paar Wochen und ich bekam einen Termin für Berlin – wir wurden auf Herz und Nieren untersucht und außer meiner schlechten Haltung (Rundrücken) hatte man nichts auszusetzen. Jetzt wurde es ernst! Ich solle auf Post von Rostock warten, da steht dann alles Weitere drin. Wer hätte das gedacht! Sollte sich für mich das Tor zur Welt wirklich öffnen?

Der Brief aus Rostock kam und mit etwas zittrigen Händen riss ich den Umschlag auf. Im Brief heißt es, dass meine Bewerbung angenommen wurde. Weiterhin wird ein Termin genannt, an dem ich in Rostock an einem Anti-Havarie-Training teilnehmen soll. Dauer vier Wochen, Unterkunft im Arbeiterwohnheim. Das Schiff, auf dem ich anheuern soll, ist die *Hellerau,* ein Holztransportschiff. Ankunft in Rostock unbekannt, bis zum Eintreffen arbeiten im Rostocker Hafen.

Ein weiteres Formular: Ich soll mich zum dreijährigen Dienst bei der Handelsmarine als Decksmann verpflichten. Ein weiteres Formular ist für das Wehrkreiskommando Cottbus – ich werde vom Wehrdienst freigestellt. Ich hatte Mühe, all das zu glauben, was ich da schwarz auf weiß in der Hand hielt.

Nun dann – die Jahreshauptversammlung der *PGH Bedachung* stand ins Haus. Nach dem ganzen offiziellen Kram folgte auch diesmal der gemütliche Teil mit Essen und Trinken, letzteres sehr reichlich. Ich erzähle von meinem Vorhaben Handelsmarine. Man staunt Bauklötze, wie weit ich mit meinem Plan bereits gekommen bin. Einige Kollegen reden sehr eindringlich auf mich ein. In der PGH könne ich meinen Dachdeckermeister machen und Einsatzmöglichkeiten wie

Lehrausbildung und Bereichsmeister warten auf mich. Klingt durchaus gut, diese Aussicht, aber die Handelsmarine hat mir mehr zu bieten und es soll ja nicht für immer sein, später kann ich immer noch meinen Meister machen. Von meinen Überlegungen abzuhauen habe ich natürlich nichts erzählt. Manche waren wohl schlau genug, es zu vermuten.

Vom Bäckermeister Schmidt wusste ich: Der fährt mit der Handelsmarine. Ich nahm mir vor, seine Frau zu fragen, ob Schmidt demnächst auf Urlaub kommt oder ob sie jemanden weiß, mit dem ich mich mal unterhalten könnte. Der Zufall will es: Schmidt ist auf Heimaturlaub. Volltreffer. Voller Freude erzähle ich ihm von meiner Situation. Einige Fragen kann er mir beantworten und was die *Hellerau* genau für ein Schiff ist und wo sie unterwegs ist, will er noch rausbekommen. Was hab ich gestaunt über Schmidts mitgebrachte Andenken von Übersee: Korallen, große Rausch-Muscheln, alle möglichen geschnitzten Figuren. Er schenkte mir eine handgroße Koralle. Meine Freude wurde immer größer!

Zwei Wochen später dann die Ernüchterung: Die *Hellerau* ist ein Holztransportschiff, das vorwiegend in einer Art Linienverkehr Rostock – Leningrad hin- und her gondelt. Es war sehr unwahrscheinliche, dass ich in den ersten drei Jahren von diesem Schiff wieder runterkommen würde. Nix Südsee und Weltmeere! Rostock – Leningrad – Rostock, drei lange Jahre lang. Nicht mit mir! Jetzt wurde mir auch klar, warum meine Westverwandtschaft bei meiner Bewerbung offenbar kein Problem darstellte. Ach nein, wenn die Aussichten so düster sind, dann ist Handelsmarine doch nichts für mich. Nun tat es mir leid, dass ich den Termin beim Wehrkreiskommando schon hinter mir hatte, denn die Rückstellung vom Wehrdienst war damit durch.

Armeezeit

EINBERUFUNG. Ein Brief von mir nach Rostock und der Traum Handelsmarine war endgültig ausgeträumt. Aber mit der Bewerbung verbunden hatte ich mir eine unbefristete Freistellung vom Wehrdienst geholt – das sollte jetzt zum Problem werden.

Ab 1962 galt in der DDR die allgemeine Wehrpflicht. Alle Männer zwischen 18 und 26 Jahren mussten einen Grundwehrdienst von 18 Monaten leisten. Wollte man studieren, war für Männer eine dreijährige Armeezeit fast selbstverständlich Voraussetzung, insbesondere für gefragte Studienrichtungen wie Medizin. Diese Armeezeit endete mit dem Dienstgrad Unteroffizier beziehungsweise bei besonderen Leistungen als Unterfeldwebel.

Den Dienst verweigern konnte man nicht, das war nicht vorgesehen, es gab lediglich die Alternative als Bausoldat, ohne Waffenausbildung, seinen Wehrdienst zu leisten. Eigentlich war kaum bekannt, dass es diese Alternative gab, und die Männer, die davon Gebrauch machten, mussten schon sehr stark sein, das heißt, alle Konsequenzen mit bedenken. Es waren sehr oft Theologiestudenten und Männer, die sowieso nichts vom System zu erwarten hatten, also nicht studieren wollten oder auch nicht bestimmte Leitungspositionen im Beruf erreichen wollten.

Die Uniform der Bausoldaten sah so aus wie die der richtigen Soldaten, nur hatte man auf der Schulterklappe einen kleinen Spaten. Bausoldaten waren separiert in der Kaserne untergebracht und kamen mit anderen Wehrpflichtigen nicht zusammen.

Da ich in unserer Familie das vierte Kind war, war mir der Armeedienst natürlich nicht unbekannt: Mein Bruder Reinhard war 1962 bei den ersten Wehrpflichtigen mit dabei, tat seinen Dienst am Flugplatz Cottbus und wir besuchten ihn manchmal. Mein Bruder Norbert war zu alt für den Grundwehrdienst und wurde später zur Reserve eingezogen auf sechs Monate. Mein Bruder Bernhard hatte einen Herzfehler und war aus diesem Grund vom Wehrdienst befreit. Ich wusste ziemlich genau, was auf mich zukommt. Bausoldat war keine Option.

Durch die Freistellung für die Handelsmarine hätte ich jedes Jahr bis einschließlich 26. Lebensjahr zum Grundwehrdienst eingezogen werden können. Ich hatte keine Lust auf diese Unsicherheit und wollte das lästige Übel so schnell wie möglich hinter mich bringen: je jünger desto besser und möglichst nicht liiert. Ich hatte nämlich mitbekommen, welche Schwierigkeiten es geben konnte, wenn verheiratete Männer während der Armeezeit nicht nach Hause durften, obwohl dort Not am Mann war. Oftmals gingen Ehen während der Armeezeit kaputt. Das alles wollte ich mir ersparen und bin also hin zum Wehrkreiskommando: „Genosse Soundso, ich möchte, dass wir meine Rückstellung rückgängig machen." Der Mann kriegte einen hochroten Kopf: Ob ich noch ganz dicht bin? Ob ich nicht weiß, was ich will? „Bis zum 26. Lebensjahr können wir Sie einberufen und so, wie es jetzt aussieht, wird das auch so werden."

Mit dieser Situation in der Schwebe war ich völlig unzufrieden! Es musste einen anderen Weg geben – und es gab ihn! Mit einem Abschluss der 10. Klasse und einer abgeschlossenen Berufsausbildung konnte man ein Fachschulstudium aufnehmen. Dafür war es aber notwendig, dass man den Grundwehrdienst hinter sich hatte. Also habe ich mich zum Fachschulstudium als Bauingenieur an der Baufachschule in Cottbus beworben. Prompt kam die Frage: Grundwehrdienst? Was ich verneinen musste. Nun konnte ich einen Antrag beim Wehrkreiskommando stellen, zeitnah meinen Grundwehrdienst abzuleisten. Dem wurde stattgegeben, ich hatte mein Ziel erreicht! Im Mai 1975 wurde ich einberufen und musste mich in Berlin-Bernau melden.

GRUNDWEHRDIENST. Ankunft in Bernau: Großer Bahnhof sozusagen – sie fangen uns schon am S-Bahnhof ab, damit wir Neuen nicht in irgendwelchen Kneipen versumpfen. Rauf auf den LKW, rein in die Kaserne, runter vom LKW, antreten! Taschenkontrolle, vor allem auf Alkohol! Zimmerzuweisung. Und das alles gebrüllt in Lautstärke 120 auf der nach oben offenen Skala. Die Uffze (Unteroffiziere) hatten ihren Spaß.

Auf dem Zimmer stehen vier Doppelstock-Betten und acht Spinde. Mein Name prangt an einem Bett und an einem Spind. Zeit zum Nachdenken gibt es nicht, denn die Brüllerei geht weiter. Antreten auf dem Flur! Verhaltensregeln anhören, an der Kleiderkammer Klamotten in Empfang nehmen! Spind einräumen – und das mehrmals, weil wir natürlich grundsätzlich falsch eingeräumt haben. Wir hatten bis zur Nachtruhe um 22 Uhr voll zu tun.

Kaum eingeschlafen, werden wir durch Trillerpfeifen und Gebrüll morgens um 6 Uhr geweckt. Sportsachen anziehen – rote Turnhose und gelbes, ärmelloses Turnhemd. Rrrrrrrraus-tre-ten und an-tre-ten und im Laufschritt durch die Gegend mit anschließender Gymnastik. Im Waschraum erkenne ich plötzlich, warum die Neuen bei der Armee von den Älteren Rotarsch genannt werden: Durch den Schweiß färben die roten Turnhosen unsere Hintern rot – Rotarsch eben, wie die Paviane.

Die nächsten sechs Wochen sind geprägt von Frühsport, Exerzieren, Ausbildung an der Sturmbahn, theoretischen Unterweisungen, Waffenkunde. Und fast jeden Tag: Waffenreinigen. Dazu stehen wir alle auf dem Flur, vor uns jeweils ein Hocker mit einer Sitzfläche von 30 x 30 cm, zur Ablage der Waffenteile. Die Waffe, Kalaschnikow, für Einzelfeuer oder Dauerfeuer geeignet, muss in ihre Einzelteile zerlegt, gründlich gereinigt und zum Schluss eingeölt werden. Dabei darf von dem kleinen Hocker nichts zu Boden fallen und wenn doch, sind zwanzig Liegestütze fällig.

Nach zwei Wochen ist an einem Sonntag die Vereidigung. Angehörige dürfen teilnehmen und wir haben die Möglichkeit, im Anschluss mit ihnen einige Zeit zu verbringen. Ich habe keinen Besuch, denn für meine Mutter ist der Weg zu umständlich.

Während der Grundausbildung gibt es keinen Urlaub oder Ausgang. Am Ende der Grundausbildung ist ein 50-Kilometer-Marsch zu absolvieren. Zur Auflockerung des ganzen wird ein Atomalarm eingestreut oder auch ein gepflegtes Eingraben oder ein paar Schießübungen mit Platzpatronen oder ein hübscher Sturmangriff. Wohlgemerkt: Jeder hat seine volle Ausrüstung dabei, locker mal eben 25 Kilo. Macht jemand schlapp, bekommt er Marscherleichterung, das heißt, ein anderer Kamerad muss Teile der Ausrüstung des Schlappmachers tragen. Das überlegt sich jeder dreimal, ob er schlappmacht. So kam es vor, dass Soldaten bewusstlos zusammenbrachen. Zum Schluss waren wir alle an unserer Leistungsgrenze angelangt. In der Kaserne angekommen, mussten wir noch unsere Ausrüstung wieder in Ordnung bringen, irgendwann ging für alle das Licht aus und wir konnten endlich schlafen.

Nach der A-Kompanie (A wie Ausbildung) kamen wir in unsere Einheit und die war streng geheim. Gut zwei Stunden wurden wir im LKW durch kleine und größere Ortschaften gefahren und vor allem durch viel Wald. Am Ende der Fahrt landeten wir in einem Ort namens Harnekop, der liegt etwa 15 Kilometer südlich von Bad Freienwalde. Wir bogen in einen Wald ab mit Plattenstraße und nach zwei Kilometern erreichten wir den Standort. Als wir die Wache passiert hatten, hielten wir nach weiteren fünf Minuten Fahrt vor einer Baracke. Da standen weitere Baracken, aus Holz gebaut, mit einem massiven Verbindungsteil in der Mitte, in dem waren die Toiletten und Waschräume untergebracht. Die Toiletten waren besonders: Sie hatten zwar Trennwände, aber keine Türen. Das war schon sehr gewöhnungsbedürftig.

Jeder von uns hatte seine gesamte Ausrüstung dabei, die in einer Zeltplane verstaut war. Dieser Sack wog mindestens 50 Kilo. Auf der Bude wurden wir bereits erwartet – von vier EKs und zwei Vize. EKs hatten bereits zwei Diensthalbjahre hinter sich und waren die Entlassungskandidaten. Die EKs mussten nicht mehr die Bude saubermachen, sie durften nicht beim Schlafen gestört werden, hatten noch einige andere Privilegien. Jeder von ihnen hatte ein Bandmaß von 150 cm Länge in der Hosentasche. Das war aber nicht etwa zum Abmessen von irgendwelchen Längen, sondern diente dazu, die letzten 150 Tage rumzukriegen, jeden Tag einen Zentimeter abzuschneiden. Das war natürlich illegal und die Vorgesetzten durften niemanden damit erwischen, dann war das Bandmaß weg! Die Vize hatten bereits ein halbes

Dienstjahr hinter sich und standen so ein bisschen zwischen den EKs und uns Neuen.

Wir Neuen waren die *Sprutze* und unsere Aufgabe war es vorrangig, die Dienste wie Zimmer- und Flurreinigung zu erledigen, auch wenn der EK eingeteilt war. Besonders bei den Toiletten und Waschräumen galt dieses Prinzip. Kriegte man das halbwegs hin, wurde man in Ruhe gelassen. Die EKs waren vom Dienstgrad meistens Gefreite. Die Vize waren wie wir Soldaten, aber ihre Schulterstücke durften geknickt werden. Wir Sprutze hatten darauf zu achten, dass unsere Schulterstücke glatt blieben!

SCHÄLKÜCHE. So langsam sickerte nach unserer Ankunft durch, was das für ein Standort war – es war ein Baupionierbataillon. Seine Aufgabe: einen Atombunker bauen, in dem im Kriegsfall die Kommandozentrale der NVA sitzen und die direkte Verbindung zum sowjetischen Oberkommando des Warschauer Vertrags halten sollte. Ein Starkstromzaun sicherte die Baustelle innerhalb des Standortes nochmals gesondert. In diesen Sicherheitsbereich durften nur berechtigte Personen. Die Baustelle war von keiner Stelle aus einsehbar.

Ich war ja sehr gespannt, wo man da einen Dachdecker einsetzen würde. Aber weit gefehlt! Die Kompanien, die im „Loch" arbeiteten, so nannte man die Baustelle, waren in anderen Baracken untergebracht. Unsere Baracke war *Rückwärtiger Dienst*. Ich kam in die Schälküche! Gemüse putzen und Zwiebeln schälen. Früh stellten sie alle Kisten in meine Schälküche und bis zu einer bestimmten Uhrzeit musste alles vorbereitet sein: Erbsen fein palen, Möhren in nette Stückchen schneiden, Kohl häckseln. Wenn Hilfe in der Küche gebraucht wurde, holte man mich dazu. Das sollte in den kommenden 16 Monaten meine Arbeit sein? Das ging gar nicht! Aber was tun? Ich war bei der NVA und nicht bei der Fernsehsendung *Wünsch dir was.*

Auf der einen Seite der Küche schloss sich der Speisesaal für die Soldaten an, auf der anderen Seite lagen zwei kleinere Speisesäle. Einer für die Berufssoldaten und einer für den Stab. Zwischen der Küche und den kleineren Speisesälen befand sich die Ordonnanz für die Offiziersanwärter. Die hatte noch eine kleine Küche, eine Essensausgabe und eine Abwaschküche. Die Offiziere vom Stab wurden an weiß eingedeckten Tischen bedient. Gab es bei der Truppe zwei Essen zur Auswahl, durften die Berufssoldaten und der Stab zwischen drei Essen wählen. Das dritte Essen bereitete man in der kleinen Küche zu.

Die Ordonnanz wurde von Soldaten geführt und ich hörte nebenbei, dass es finanzielle Probleme gab und die Kasse wieder einmal nicht stimmte. Da sah ich meine Chance, aus der Schälküche zu entkommen. Sofort habe ich damit angegeben, dass die Eltern meiner Freundin zu Hause eine Gaststätte hätten und wenn die Eltern im Urlaub sind, schmeißen meine Freundin und ich den Laden! Weder hatte ich eine Freundin noch Ahnung von Gaststättenführung. Aber ich wollte aus meiner Schälküche raus! Wie erwartet musste ich beim Leiter *RD, Rückwärtiger Dienst,* antreten. Vom Dienstgrad Major, untersetzte Statur, wohl so 50 Jahre alt und Kettenraucher. Ich meldete mich bei ihm und er stellte mir die Frage, die ich hören wollte. „Heine, Sie haben zu Hause eine Gaststätte?" – „Nein", sagte ich wahrheitsgemäß und erzählte ihm aber meine Geschichte von der Gaststätte der nicht vorhandenen Schwiegereltern in spe. „Trauen Sie sich

zu, die Ordonnanz zu führen?" Darüber müsse ich nachdenken, sagte ich, und das war die falsche Antwort. „Ja oder
nein?!?!?!" Die Frage kam mehr gebrüllt als gefragt und ich
brüllte mittellaut zurück: „Jawoll, traue ich mir zu!" Das
Blut stieg mir in den Kopf und ich fing an zu schwitzen.
War ich mir der Tragweite dessen bewusst, was ich da gerade von mir gegeben hatte?

Sofort sollte ich mich in einer bestimmten Baracke ein-
finden, um meine Dienstkleidung in Empfang zu nehmen.
Die bestand aus einer Uniformhose aus Offiziersstoff und einer weißen Kellner-Jacke mit Schulterstücken, silbernen
Knöpfen und einem weißen Käppi. Am Nachmittag übergab
mir mein Vorgänger die Ordonnanz, komplett mit Inventurlisten und dem aktuellen Kassenbestand nebst Kasse. Mir zur
Seite gab es drei weitere Soldaten, einer für die Essenaus-
gabe der Berufssoldaten, ein Abwäscher und ein Koch.
Meine Aufgabe bestand ab sofort – und zwar wörtlich ab sofort – darin, den Stab zu bedienen und die Ordonnanz zu
leiten. Gegen 19.30 Uhr war der letzte Gast raus und ich
konnte abschließen. Jetzt genehmigten wir uns erstmal ein
Bier und lernten uns kennen.

Das Besondere an dieser Ordonnanz war, dass es Alkohol
gab! Exportbier und verschiedene Schnäpse (Weinbrand und
Wodka) und *Rotkäppchen*-Sekt. Wir waren uns einig, zu-
sammenzustehen und den Laden gemeinsam zu schmeißen
zu unserer aller Zufriedenheit. Dann machten wir Feierabend. Ich musste die Kasse beim *OVD (Offizier vom Dienst)*
abgeben und ging auf meine Bude. Dort wurde ich von meinem EK in Empfang genommen: „Wo bleibst du denn, die
Bude muss noch saubergemacht werden." Und vor allem
eingebohnert werden! Ich sagte, dass ab sofort früh um

sechs mein Dienst losgeht. Das sei ihm egal, bevor ich abhaue, hätte ich die Bude auf Hochglanz zu bohnern.

Gegen halb sechs stand ich am nächsten Morgen auf und ging zum Waschen. Dann der Griff zur Bohnerkeule und das Linoleum blank putzen. Dabei stieß die Keule natürlich auch an die Bettgestelle und aus der EK-Ecke kam der Brüller: „Hau ab!!!" Noch vorm allgemeinen Wecken um 6 Uhr ging ich zu meinem Dienst.

Von nun an war das mein Tagesablauf: bis um 9 Uhr Frühstück, danach kurze Pause und Frühstück für uns, also die Vierer-Runde, dann Vorbereitung aufs Mittag bis gegen 14 Uhr. Danach Mittag für uns und etwas Freizeit. Dann Vorbereitung aufs Abendessen. Vor acht, halb neun abends war ich nie auf der Bude. Die Tage vergingen wie im Flug, denn wir hatten zu tun. Alles Militärische war plötzlich weit weg. Kein Marschieren, Waffen putzen oder sonstige Ausbildung.

Wir waren, wie gesagt, vier Mann: ein Koch für das dritte Essen, das es extra gab, ein Mann für die Ausgabe Berufssoldaten, ein Abwäscher und ich, der neben der Verantwortung für die Ordonnanz noch die Bedienung der Genossen vom Stab zu leisten hatte. Von Anfang an legte ich großen Wert auf gegenseitige Achtung und Anerkennung der Leistung. Wir entwickelten uns zu einer guten Truppe, machten unsere Arbeit, hatten Spaß miteinander und halfen uns gegenseitig. Wenn der Tag zu Ende war, wir unseren Bereich sauber hatten, setzten wir uns im Flaschenlager auf ein Bier und eine Zigarette zusammen, Manchmal auch zwei und mehr.

Schnell fanden wir heraus, dass der Verkauf der Essenmarken mit Gewinn verbunden werden konnte. Durch geschicktes Manipulieren konnten wir einige Marken mehrfach verkaufen.

Und mit dem Kaffee ließ sich auch etwas verdienen. Der Kaffee wurde ja türkisch gebrüht, das heißt: Kaffeepulver in die Tasse und heißes Wasser drauf und fertig. Für die Herstellung unseres *Spezialkaffees* hatten wir uns folgendes Rezept ausgedacht: Kaffeegrund, der in den Tassen zurückblieb, trockneten wir hübsch und dann wurde gemahlen. Als Kaffee, also sozusagen Kaffee-Ausgangsstoff, verwendeten wir *Mocca Fix Gold*, gemahlen, verpackt in einer goldenen Kunststofftüte. Davon zwei Drittel in ein Gefäß, ein Drittel von dem gemahlenen Kaffeegrund, eine bestimmte Menge Kakao und Salz und alles mit Liebe durchmischen. Unser Kaffee war so gut, dass wir diese Mischung sogar mit Vergnügen selbst tranken.

Wir wollten auf keinen Fall ein Minus in unserer Kasse wie unsere Vorgänger, da wirtschafteten wir doch lieber mit Gewinnmaximierung. Nach rund zwei Wochen machten wir immer private Inventur und teilten das überschüssige Geld zu gleichen Teilen auf.

Eines Morgens – wir hatten gerade den letzten Gast bedient – stand der Küchenbulle in der Ordonnanz und verlangte den Kassenschlüssel. Ich war nicht mehr in der Lage, am Kasseninhalt irgendetwas zu verändern. Wir vier wurden zu anderen Diensten in der Küche vergattert und in der Ordonnanz nahm die offizielle Inventur ihren Lauf. Die letzte Inventur, die wir gemacht hatten, lag etwa vier Wochen zurück. Wir waren leichtsinnig geworden und hatten unsere Inventur immer wieder aufgeschoben. Bei jeder Inventur hatten wir etwa 160 Mark Überschuss erwirtschaftet, so mussten also um die 320 Mark Überschuss in der Kasse sein.

Welch ein Drama! Ich sah mich schon in Schwedt (dem Armeeknast). Nach etwa anderthalb Stunden war die Inventur beendet und ausgewertet.

Wir mussten beim Küchenbullen antreten und der schrie uns an: „Da sind 7 Mark 35 zu viel in der Kasse – wo kommt das Geld her?! Bescheißt ihr die Genossen bei der Wechselgeld-Rückgabe?"

Ich sagte ihm, dass wir das natürlich nicht tun und dass es sich nur um Trinkgeld handeln könne, das wir hin und wieder mal bekämen. Schreiend erklärte er, dass dieses Geld nicht in die Kasse gehört und überhaupt, wie kommen wir dazu, Trinkgeld anzunehmen, denn es ist unser Dienst, den wir tun: „Die Genossen an der Wache oder auf dem Bau bekommen auch kein Trinkgeld!"

Das Geld wurde eingezogen, ich musste einen Bericht schreiben und erklären, wie wir in Zukunft verhindern wollen, dass zu viel Geld in der Kasse ist. Viel Zeit zum Überlegen blieb uns nicht, denn das Mittagessen musste ausgegeben werden. Als das erledigt war, hatten wir unsere Mittagspause. Wir saßen zusammen und wussten nicht, ob wir uns freuen oder ob wir heulen sollten. Einerseits waren wir froh, dass nicht die vermutete Summe in der Kasse zum Vorschein gekommen war, und andererseits wussten wir nicht, warum nur so wenig in der Kasse war. Wir kontrollierten die Inventurlisten und konnten keinen Fehler feststellen. Es war zum Verzweifeln!

Einige Tage später – es war Freitag und Einkaufstag, der LKW stand vor dem Fenster vom Flaschenlager und wir waren dabei, das Leergut einzuladen. Als wir an die letzten Stapel kamen, sahen wir, dass ganz unten eine Kiste mit Kaffee stand, Mocca Fix Gold. Die hatte genau einen Wert von 320

Mark. Bei der Inventur hatten die Genossen die Kästen nur nach Stapeln gezählt und so nicht sehen können, dass da eine volle (!) Kaffee-Kiste als unterste stand. Sie wurde also nur mit 9 Mark Pfand belastet. Uns fiel ein Riesen-Stein vom Herzen, alles hatte sich für uns aufgeklärt! Am Abend saßen wir im Flaschenlager und hatten natürlich Grund zum Feiern – dieses Mal gönnten wir uns ein oder zwei Flaschen Sekt.

Aufgelockert wurde der stupide Dienst dadurch, dass wir hin und wieder Ausgang beantragen konnten. Unser Ausgangsgebiet war Bad Freienwalde und das lag 15 Kilometer weit weg. Also fuhr man uns auf LKW nach Bad Freienwalde und holte uns da auch wieder ab, zum vereinbarten Zeitpunkt.

Von zu Hause kannte ich es, dass Soldaten an der Jugendstunde bei uns in der Kirche teilnahmen. Das wollte ich nun in Bad Freienwalde auch tun. Es gab eine katholische Kirche, dort ging ich hin. Ein älterer Pfarrer öffnete mir die Tür und fragte, was denn der Soldat für einen Wunsch habe. „Wann ist denn hier Jugendstunde, ich würde gern daran teilnehmen." Es stellte sich heraus, dass es keine Jugend-Veranstaltungen im kirchlichen Rahmen gab – aber wir könnten ja zusammen Jugendstunde machen. Das war es nun nicht, was ich wollte. Aber ich sah eine Möglichkeit, im Pfarrhaus Zivilklamotten zu deponieren. So ließ ich mir von zu Hause ein Paket schicken und konnte ab sofort Zivil tragen, wenn ich den Pfarrer zu seinen Außenstationen begleitete, was manchmal vorkam.

In Bad Freienwalde gab es ein sehr schönes Freibad, wo wir im Sommer auch sehr schöne Stunden verbrachten. Im Kurpark konnte man spazieren gehen, aber das war es dann auch schon. Zogen wir in der Gruppe los, endete es meistens mit viel Alkohol.

Einmal im Monat stand in der Kaserne Politunterweisung auf dem Plan. Sogenannte Rotlichtbestrahlung. Den ganzen Tag durften wir uns anhören, wie böse der Westen ist. Strukturen des Warschauer Vertrages wurden gelehrt. Dieser Unterricht war sehr anstrengend, musste man doch aufpassen, nicht einzuschlafen. Passierte das doch, waren 20 Liegestütze angesagt, zur allgemeinen Belustigung. Die Verpflegung an diesem Rotlicht-Tag war etwas Besonderes. Sie bestand ausschließlich aus *Komplekten*. Das waren Konserven mit verschiedenen Wurstsorten, Schmalzfleisch und Schmierkäse. Diese Konserven waren gar nicht so schlecht. Absolut ungenießbar hingegen war das sogenannte Atombrot. Brot, das vor ewig langer Zeit gebacken und zigmal eingepackt war, um nicht zu vergammeln. Dieses Brot war sehr trocken und nicht genießbar.

Das Mittagessen wurde am Rotlicht-Tag ebenfalls aus Konserven gekocht, weiße Bohnen mit Wurststücken, Linsen und Gemüseeintopf. An dem Tag gab es in der Verkaufsstelle im Objekt lange Schlangen. Alles Essbare wurde aufgekauft und irgendwann war dort alles ausverkauft. Auf diese Weise hat man die Bestände im Komplektelager abgebaut und es konnte mit neuen Produkten aufgefüllt werden.

In meiner Ordonnanz hätte ich die Armeezeit gut überstehen können. Es kam anders! An manchen Abenden fanden die Genossen vom Stab kein Ende und es wurde gesoffen bis zur sprichwörtlichen Gesichtslähmung. Ich war ungefähr ein halbes Jahr in der Ordonnanz, die Kasse stimmte, wir machten sogar wieder Gewinn. An einem Abend wurde wieder ein Umtrunk der Offiziere vom Stab gestartet. Nach und nach lichteten sich die Reihen und einer nach dem anderen verließ torkelnd die Ordonnanz. Ich saß in meiner kleinen Küche und las in einer Zeitschrift, da hörte ich den Kommandeur „Ordonnanz" brüllen. Als ich den Speiseraum betrat, sah ich, dass der Kommandeur allein im Raum war. Ein kleiner untersetzter Mann vom Dienstgrad Oberst. Ich fragte, was sein Wunsch sei, er schob ein halb ausgetrunkenes Schnapsglas in meine Richtung und lallte: „Stoßen Sie mit mir an!" Ungläubig nahm ich das Glas, er griff sein Glas und wollte mit mir anstoßen. Doch dazu kam es nicht, er fiel der Länge nach auf den Tisch und blieb liegen. Ich versuchte ihn wach zu schütteln, erst zaghaft und dann beherzter. Er war so betrunken, dass er praktisch das Bewusstsein verloren hatte. Es war nach 23 Uhr, was sollte ich tun? Ich musste alleine klarkommen.

So habe ich den Mann aufgeschultert und bin Richtung OVD-Baracke gegangen, den Bataillonskommandeur auf meiner Schulter, am Offizier vom Dienst vorbei und dann habe ich den Kommandeur in sein Bett gelegt. Gemeinsam mit dem OVD haben wir ihm die Stiefel ausgezogen und ihn zugedeckt. Schnell ging ich in die Ordonnanz zurück, denn ich musste noch alles aufräumen und für den nächsten Tag eindecken. Weit nach Mitternacht konnte ich in mein Bett kriechen, ich schlief sofort ein.

Unausgeschlafen ging ich am nächsten Tag zum Dienst. Alles war wie immer – bis der Kommandeur die Ordonnanz betrat. „Bringen Sie mir einen Tee!", brüllte er in meine Richtung. O.k., dachte ich, du wirst Durst haben, so besoffen wie du warst!

In ein Kännchen schmiss ich eine Tablette Komplektetee, heißes Wasser drauf und schnell serviert, Durst kann wehtun. Fast hatte ich den Raum schon wieder verlassen, da traf mich ein Teelöffel am Kopf. Der Kommandeur brüllte, ich solle ihm einen vernünftigen Löffel bringen. Ich hob den Löffel auf – es war ein Löffel aus Aluminium, der natürlich im Bereich Stab nichts zu suchen hatte. Der Stab aß von Edelstahlbesteck! Ein Versehen, hätte er vielleicht gar nicht gemerkt, aber Aluminium leitet nun mal die Wärme verdammt gut und beim Versuch, die Teetablette zu zerkleinern, hatte er sich wohl die zarten Finger verbrannt. Ich wischte den Löffel an meiner Serviette ab und legte ihn dem Kommandeur auf die Untertasse mit der Bemerkung, mit dem Löffel sei doch alles in Ordnung. Irgendwie hatte ich vor diesem Vogel den Respekt verloren, warum wohl?

Es sollte meine letzte Handlung in der Ordonnanz sein, sofort wurde ich von allen Aufgaben entbunden und landete als Heizer im Küchentrakt. Ich hatte Glück, nicht in den Knast zu wandern. Von nun an war meine Aufgabe, mit der Kesselanlage den Dampf für die Kochkessel der Küche zu erzeugen. Der Job war auch nicht schlecht, solange genug Dampf auf den Kesseln war, ließ man mich in Ruhe.

ATOMBUNKER. Sehr lange hatte ich diesen Job noch nicht gemacht, da wartete schon eine neue Aufgabe auf mich. Im Loch, der Baustelle, gingen die Arbeiten voran und es begann der Innenausbau vom Bunker. Eine zivile Leipziger Firma baute die Lüftungsanlage. Die Monteure reisten am Montag an und fuhren Freitagmittag nach Hause. Sie übernachteten im neu erbauten Gebäude der Wachkompanie im Erdgeschoss. Meine Aufgabe wurde es, die Zimmer sauber zu halten, Frühstücksangebot auf die Baustelle zu bringen, Abendimbiss anzubieten und am Abend einen kleinen

Konsum zu öffnen. Im Angebot hatte ich Getränke, Kleinkram des täglichen Bedarfs, Bier und Schnaps. Es sollte den Arbeitern an nichts fehlen, denn rauszugehen war sinnlos, Bad Freienwalde war 15 Kilometer weit weg von uns. Mein Tag war gut ausgefüllt.

Durch diese neue Aufgabe gehörte ich ab sofort zu den berechtigten Personen, die Zutritt zum Loch, hatten. Mit Passierschein und einem Bollerwagen, in dem ich meine Frühstücksutensilien transportierte, durfte ich das erste Mal den mit Starkstrom gesicherten Bereich betreten. Eine riesige Baustelle tat sich auf, etwa die Größe von mindestens einem Fußballfeld. Man hatte zwischen zwei natürlichen Hügeln eine Grube ausgehoben und darin einen Bunker verbaut. Er bestand aus einer Bodenplatte mit Stahl-Spiralfedern, auf die eine weitere Bodenplatte gegossen wurde. Darauf ein dreistöckiger Aufbau, alles natürlich aus Stahlbeton gegossen. Die einzelnen Räume wiederum hatten Fußböden, die ebenfalls auf Stahl-Spiralfedern gelagert waren, um so die Schwingungen aufnehmen zu können, die durch einen Atomschlag entstehen könnten. Über allem sollte eine mächtige Zerschellschicht thronen, kuppelförmig aus Beton und strahlungsabweisenden weiteren Baustoffen errichtet. (Unter *Atombunker Harnekop* kann man im Internet weitere Informationen erhalten und sogar Besichtigungen sind möglich.)

Als ich die Baustelle betreten durfte, war man bei der Errichtung der Zerschellschicht und im Inneren mit dem Ausbau und Einbau von diverser Technik beschäftigt. Eine Begebenheit erscheint mir wichtig zu erwähnen, zeigt sie doch, welche Geistesgrößen als Vorgesetzte ihren Dienst dort ableisteten: Mein Frühstücksangebot für die Zivilbeschäftigten wurde nicht nur von denen gern angenommen, sondern auch von einigen Offizieren. Wenn die Arbeiter gegangen waren, kam der eine oder andere Genosse vorbei, um einen Kaffee oder ein Rührei oder einfach nur Zigaretten zu kaufen. Anfangs schlauchte mich das, weil mein Zeitfenster beschränkt war und je länger ich im Loch war, umso weniger Zeit hatte ich für die anderen Arbeiten. Aber es konnte schließlich schon mal von Nutzen sein, wenn man eine gewisse Vertraulichkeit zu dem einen oder anderen Offizier hatte.

Einmal vertraute sich mir ein Major an und erzählte von seinem Problem mit seinem Gartenhaus im Schrebergarten, das innen total feucht und von Schimmel befallen war. Er hatte das Häuschen aus Probequadern der Betonprüfung errichtet. Dazu muss man wissen, dass dem für den Bunkerbau angelieferten Beton Proben entnommen wurden, daraus formte man Würfel von 150 x 150 cm Größe. Nach einer festgeschriebenen Zeit der Aushärtung kamen die Würfel in eine Presse und es wurde so lange Druck ausgeübt, bis der Würfel einen Riss bekam. Das wurde protokolliert und die wertlosen Würfel stapelten sich hinter der Prüfstelle. Diese Arbeit verrichtete übrigens zu meiner Zeit ein Prüfingenieur, der zur Reserve eingezogen war, genau für diese Tätigkeit!

Nun hat Beton einen sehr geringen Dämmwert, er kann nicht atmen oder Feuchtigkeit aufnehmen. Ein denkbar ungünstiger Baustoff für einen Bungalow. Verbesserung konnte der Major nur erreichen, wenn er die Wände entsprechend gegen Feuchtigkeit schützte und mit Wärmedämmung auskleidete. Das sagte ich ihm so.

Ein weiterer hochdekorierte Genosse zeigte mir einen Rest Klingeldraht und fragte, ob er dieses Material für die Elektroinstallation seines Bungalows nehmen könne. Da habe ich mich aus der Affäre gezogen mit der Aussage, das kann man nur mit einem Elektriker besprechen.

Die Ideen der Oberen waren so wirklichkeitsfremd wie das gesamte Bauwerk. Man sprach, es sei ausgelegt für den Direktschlag einer Atombombe sechsmal so groß wie die von Hiroshima! Im Bauwerk selbst konnten 400 Personen Platz finden und vier Wochen autark überleben! Und danach? Man kann es gar nicht zu Ende denken! Für *so* ein Bauwerk wurde Material total verschwendet, auf der anderen Seite war Baumaterial absolut knapp da, wo es wirklich benötigt wurde. Jeder, der in DDR-Zeiten ein Haus gebaut hat, weiß das genau! Meinen Job im Loch hätte ich bis zur Entlassung machen können, aber auch das war nicht möglich.

Nach Weihnachten durfte ich das erste Mal auf Urlaub nach Hause fahren. Wobei – kurz nach der A-Kompanie (zu Beginn) war ich auf Sonderurlaub schon mal drei Tage zu Hause gewesen und das kam so: Mutter schrieb in einem Brief, dass Tante Ursula gestorben sei und die Beerdigung dann und dann stattfinden wird. Dieser Termin war noch nicht vorbei.

So ging ich mit dem Brief zu meinem Hauptfeldwebel, setzte mein traurigstes Gesicht auf und fragte, ob ich ihn in einer privaten, sehr traurigen Angelegenheit sprechen dürfe. Ich fing an zu weinen und schluchzend zeigte ich ihm den Brief von meiner Mutter. Was denn drin steht, wollte er wissen. Schluchzend presste ich heraus, dass Tante Ursula verstorben sei und die Beerdigung in Kürze stattfindet. Nichts zu machen, sagte er, nur bei Verwandtschaft ersten Grades! „Das ist mir bekannt", sagte ich, „aber meine Mutter hat mich verstoßen, als ich drei Jahre alt war, und dann bin ich bei meiner Tante aufgewachsen, die praktisch meine Mutter ersetzt hat." Die Tränen flossen immer noch und ein wenig staunte ich schon über meine schauspielerischen Fähigkeiten. Der Hauptfeldwebel wollte sehen, was sich machen lässt. Tatsächlich durfte ich dann auf Sonderurlaub fahren, worüber sich alle zu Hause wunderten.

Nun war ich zu meinem Geburtstag – und Silvester – auf Urlaub und hatte für die Party gut vorgesorgt. Drei Flaschen roten Sekt, zwei Büchsen Ananas und Mandarinen hatte ich im Gepäck. Das war nur möglich, weil ich für die Versorgung der Arbeiter der *Leipziger Lufttechnischen Anlagen* bei der *MHO (Militärhandelsorganisation)* einkaufen durfte. Die MHO hatte Produkte, die es draußen im Lande nicht gab oder die nur im Intershop für D-Mark zu kaufen waren.

Es gab also Ananas-Bowle und roten Sekt zu Silvester. Um null Uhr habe ich das Fenster aufgerissen und zwischen die Böller und Raketen hinausgeschrien: „Dieses Jahr ist mein Jahr – ich komme wieder nach Hause!!!" Ob es jemanden interessiert hat? Ich glaube nicht, aber für mich war es wichtig und es tat gut. Meine Mutter und meine Brüder hatten Angst, dass ich aus dem Fenster fallen könnte.

Eines Abends war ich allein unterwegs und landete in einer Kneipe – ich war schon zum EK aufgestiegen, mit vier Wochen Verspätung zum Gefreiten befördert worden und hatte für diesen Sonntag Ausgang beantragt und genehmigt bekommen. In der Kneipe setzt sich ein Uffz zu mir an den Tisch und wir quatschen. Dabei fließt das ein und andere Bier. Er kam dann mit der Idee, dass in einem Nachbarort ein Dorffest gefeiert würde und wir könnten doch da hin.

Also los, per Anhalter in den Ort XY. Tatsächlich war dort ein Dorffest und das war richtig gut. Wir fanden Anschluss und haben die Zeit vergessen und Bier getrunken.

Als ich wieder denken konnte, fanden wir uns in voller Montur in fremden Betten. Ich weckte den Uffz und wir schlichen uns aus dem Haus. Wir wussten nicht einmal, wo wir da genau gestrandet waren. Also liefen wir zum Ortsausgang und schauten erst mal nach, wie der Ort hieß. Uns war hundeübel. Nachdem wir uns übergeben hatten, ging es besser.

Der Uffz meinte: „Wir können einfach hier warten, das Brötchenauto kommt vorbei, mit dem fahren wir dann ins Objekt." So war es dann auch, der Fahrer meinte, die suchen uns schon. Für den Uffz war es weiter kein Problem, er hatte Ausgang bis früh 6 Uhr – bei mir sah es ganz anders aus. Ich hatte eine Ausgangsüberschreitung begangen und das in doppeltem Sinn. Ich hatte Bad Freienwalde verlassen, was nicht erlaubt war, und um 0.00 Uhr war ich nicht wieder im Standort zurück. Die Strafe folgte auf dem Fuße. Ausgangs- und Urlaubssperre für die nächsten acht Wochen und ich wurde zum Soldaten degradiert.

Damit nicht genug, wurde ich in die Feuerwache strafversetzt. Tiefer fallen kann man kaum! Von da an gelang mir nichts mehr. Bei der Feuerwache hatte ich Nachtdienst, da musste ich mehrmals durch das Objekt laufen und nach Feuer Ausschau halten. Das wurde dokumentiert, weil ich bei den Diensthabenden einen Eintrag im Dienstbuch machen musste. Doch ich schlief mehrmals bei der Feuerwache ein und verpasste meinen Rundgang. Urlaub und Ausgang waren Fremdwörter geworden, war eine Strafe vorbei, schlitterte ich in die nächste.

Vierzehn Tage vor meiner Entlassung stellten meine Vorgesetzten fest: Soldat Heine hat noch zehn Tage Urlaub. So wurde ich ganz plötzlich auf Urlaub geschickt und kam drei

Tage vor der Entlassung erst wieder zurück. Natürlich reiste ich in Zivil an, was nicht erlaubt war, aber was wollte man mir noch tun? Die restlichen Tage beschäftigten mich Abschlussuntersuchung und Sachen zurückgeben und alle konnten mich mal gernhaben.

Am Tag der Entlassung war noch ein großer Appell angesetzt. Bis auf die Ausgangsuniform hatten wir alles in den letzten Tagen abgeben müssen. Wohl dem, der alles abgeben konnte, denn für verlustige Sachen wurde ein Obolus verlangt. Ich konnte alles, was verlangt wurde, vorzeigen und abgeben. Zum Appell mussten wir unsere Ausgangsuniform anziehen. Natürlich hatte ich schon Zivilkleidung unter der Uniform. Unser Hauptfeldwebel ging an unserer Formation vorbei, nachdem wir angetreten waren, und korrigierte, was ihn störte. Bei mir bemängelte er die roten Socken, die unter den Hochwasserhosen der Uniform hervorleuchteten, und schickte mich in die hinterste Reihe.

Der Appell begann und nach einigem hohlen Gequatsche vergab man Prämien und Auszeichnungen. Verdienstvolle Genossen wurden namentlich genannt, mussten nach vorn kommen und ihre Auszeichnung entgegennehmen. Ich kippte fast aus den Latschen, als Soldat Heine genannt wurde. Ich zögerte etwas, da sah mich der Hauptfeldwebel streng an und signalisierte mit einem seitlichen Kopfnicken, dass ich meinen Arsch nach vorn zu bewegen hätte. So ging ich also nach vorn und stellte mich vor die Truppe. Die Socken leuchteten natürlich, aber es war doch nicht meine Idee gewesen, mich hier hinzustellen.

Es wurde was von ausgezeichneter Leistung vorgelesen und ich mit einer Geldprämie von 200 Mark ausgezeichnet. Keine Ahnung wofür und warum, egal! Als mir ein Genosse den Briefumschlag übergab, sagte ich höflich: „Danke-schön." Der Genosse zischte mir entgegen: „Ich diene der Deutschen Demokratischen Republik." – „Ja", sagte ich und wiederholte mein Dankeschön. Das Gesicht meines Gegen-übers verfärbte sich tiefrot und er wiederholte seinen Satz etwas energischer. Ich lächelte nur noch, denn das war mir nun doch zu blöd, und der Mann brüllte: „Wegtreten!" Ich ging zurück zu meiner Truppe und füllte wieder die entstan-dene Lücke.

Als der Appell zu Ende war, rannte der Genosse, der mir den Umschlag übergeben hatte, auf mich zu und bedeutete mir, ich solle stehen bleiben und winkte mit einem Zettel. Er brauche noch eine Unterschrift, dass ich das Geld erhalten hätte. Dann hat er mir noch erklärt: Wenn man ausgezeich-net wird, dann sagt man nicht „Dankeschön", sondern „Ich diene der Deutschen Demokratischen Republik." – „Ach so, ja", sagte ich, „das hätten Sie mir doch vorhin so sagen kön-nen ...", und ließ ihn stehen.

Jetzt gab es nur noch eine wichtige Handlung und die bestand darin, die Uniform auszuziehen, beim Hauptfeldwe-bel abzugeben und auf den nächsten freien Platz auf einem LKW zu klettern, um in die Freiheit zu fahren.

Am Anfang meiner Dienstzeit hatte ich in der Küche ei-nen sogenannten Krautlöffel sichergestellt. Das ist ein ziem-lich großer Löffel. Den konnte ich während meiner gesamten Dienstzeit irgendwie erfolgreich zwischen meinen Sachen verstecken, er wurde nicht gefunden! Der LKW, auf dem wir saßen, fuhr los Richtung Wache, raus in die Freiheit! Als wir an der Wache vorbeifuhren, habe ich meinen großen Kraut-löffel rausgeschmissen, sozusagen meinen Löffel abgegeben! Es war mir ein Bedürfnis!

Sieben auf einem Turm

Einer meiner wenigen Ausgänge führte mich in das Freibad von Bad Freienwalde. Es war Sonntag und wir waren als Gruppe von sieben Soldaten unterwegs. Das Bad hatte einen Sprungturm mit der Besonderheit: Das Fünf-Meter-Brett war gefedert. In allen Bädern, die ich vorher und auch später besuchte, war das Drei-Meter-Brett ein richtiges Federbrett und alle Sprungmöglichkeiten darüber eben nur ein Turm.

Wir hatten uns vorgenommen, heute das Fünf-Meter-Brett zu strapazieren. Es ging auch gleich zur Sache. Wir sieben bestiegen den Turm und Anlauf links-rechts-Mitte, links-rechts-Mitte, links-rechts-Mitte – alle sprangen mit den tollsten Figuren hintereinander vom Brett. Ich als letzter mit einer ordentlichen Arschbombe. Das gab Aufsehen!

Raus aus dem Wasser und schnell wieder auf den Turm, bevor der Bademeister einschreitet. Dasselbe Spiel, links-rechts-Mitte und so weiter. Ich wieder als letzter mit einer Ente. Gekonnt gemacht spritzt die besser als eine Arschbombe. Sie gelang mir besonders gut. Man stürzt sich hinab, als ob es ein Bauchklatscher wird, und kurz vor der Wasseroberfläche faltet man sich zusammen, Füße und Hände nach unten, muss schnell gehen, sonst wird es doch noch ein Bauchklatscher und der tut sehr weh.

Alle wieder raus und hoch auf den Turm. Die Aufmerksamkeit der Badegäste galt allein uns. Wir hatten jetzt richtig viele Zuschauer. Gleiches Spiel, links-rechts-Mitte. Ich wieder als letzter, aber dieses Mal wie eine Kerze. Also nicht spritzend.

Drei Durchgänge hatten wir schon geschafft, als eine Stimme aus dem Lautsprecher uns ermahnt, einzeln zu springen, mit mehr Abstand, wegen der Unfallgefahr! Also nicht lange gefackelt, rauf auf den Turm und wieder links-rechts-Mitte, diesmal alle mit Ente. Es spritzte derartig, dass die Zuschauer etwas zurücktreten mussten. Es war die blanke Gaudi!

Nur einer hatte keinen Spaß – der Bademeister. Jetzt kam durch den Lautsprecher: „Noch so ein Sprung und der Turm wird geschlossen!" Das wollten wir nicht. Wir hauten uns auf die Wiese und einige fingen an zu flirten.

Nun kletterte ich allein auf den Turm, ich wollte einen sauberen Kopfsprung machen, mit Anlauf. Mit dem Feder-brett konnte man sieben Meter Höhe erreichen, wenn der Anlauf, ein Zwischensprung und der letzte Sprung am Ende vom Federbrett sauber ausgeführt wurden.

Ganz am Anfang des Brettes lief ich an, ein kurzer Sprung nach oben bis zum Ende des Brettes. Jetzt sollte mich das Federbrett nach oben katapultieren und dann ...

Das Brett war durch die vielen Sprünge total nass und beim entscheidenden Absprung rutschte ich zur Seite weg. Für die Zuschauer vielleicht ein besonders komischer Sprung, für mich eine Katastrophe. Ich klatschte seitlich aufs Wasser und ein kurzer Schmerz sauste durch meinen Kopf. Als ich wieder denken konnte, merkte ich, dass ich auf dem Beckengrund zu schwimmen versuchte. Ich war orientie-rungslos. Zu meinem Glück war es über mir hell und ich versuchte dort hinzukommen. Kurz vor der Wasseroberflä-che war meine Luft alle und ich sog Wasser ein. Mit dem letzten Zug erreichte ich die Wasseroberfläche. Hektisch at-mend, noch nicht wissend, wo ich war, versuchte ich ruhig zu schwimmen, bis ich was greifen konnte. So kam ich an den Beckenrand und hielt mich krampfhaft fest.

Das war gar nicht gut, was du da gemacht hast, schoss es mir durch den Kopf. Eigentlich war es im Bad laut, Kinder kreischten, aber für mich hörte es sich an, als ob die Geräusche weit weg wären. Ich hatte Kopfschmerzen. Mich immer noch am Rand festhaltend, tastete ich mich bis zur Leiter. Bloß raus hier! „Heine, was ist los?", kam von meinen Kumpels, aber als dumpfer Laut! „Ach nichts", sagte ich, „ich geh schon mal." Nahm meine Klamotten und trollte mich in die Umkleide. Irgendwie war ich wie benommen. Schlapp und abgeschlagen ging ich zum LKW und fuhr mit der nächsten Fuhre in die Kaserne zurück, haute mich in mein Bett und schlief bis zum Morgen. Als ich aufwachte, war mein Kopfkissen total nass. Mein Ohr tat weh. Ich meldete mich krank und ging in den Med-Punkt. Der Dok untersuchte mein Ohr und stellte fest: Trommelfell geplatzt. „So schnell wie möglich zum Ohrenarzt nach Bernau", lautete der Befehl.

Mit dem Sankra, dem Sanitätskraftwagen, wurde ich dorthin gebracht. Der Ohrenarzt bestätigte die Diagnose, aber man könne jetzt nichts tun, erst müsse die Entzündung abklingen. Mit einem Rezept für Antibiotika fuhren wir zur nächsten Apotheke und in die Kaserne zurück nach Harnekop. Der Med-Punkt war mein neues Zuhause. Ich legte mich auf das hörende Ohr und schlief drei Tage durch. Nur zu den Mahlzeiten war ich wach.

Am Wochenende musste ich nun die Leute vom Med-Punkt mit Alkohol versorgen, weil mir das als Ordonnanz ja durchaus möglich war. Fernsehen gucken, essen, saufen und schlafen, so verging das Wochenende. Am Montag mit dem Sankra wieder nach Bernau zum Ohrenarzt. Der war positiv überrascht, die Entzündung war abgeklungen und das

Trommelfell heilte von selbst wieder zusammen, so dass keine OP notwendig sein würde. Mit dieser guten Nachricht fuhren wir zurück. Im Med-Punkt begann eine weitere Woche mit Schlafen und Gammeln. Das Wochenende wie das vergangene. Ein super Leben, denn jeder gediente Tag zählte. Egal wie.

Montag wieder nach Bernau und die Untersuchung ergab: alles bestens verheilt. Jetzt hatte ich Plan B: „Ja", sagte ich, „das ist wirklich schön, aber ich höre immer noch sehr schlecht!" Da der Unfall im Ausgang passiert war, standen die Chancen gut, vielleicht eine kleine Rente abzufassen. „Wir machen einen Hörtest", meinte der Dok.

In einer Kabine bekam ich Kopfhörer aufgesetzt und sollte einen Knopf betätigen, sobald ich einen Ton höre. Die Töne hatten verschiedene Tonlagen. Hoch, tief, weniger hoch oder tief, immer unterschiedlich. Ich hörte den Ton, wartete eine Weile und drückte den Knopf. Das wiederholte sich noch viele Male. Die Krankenschwester öffnete die Kabinentür und meinte, dass wir so nicht weiterkommen. Sie zeigte mir ein Blatt Papier mit einer Zackenlinie. Die Messung müsse eine Kurve ergeben, egal ob man gut oder schlecht hört. Wenn man gut hört schlägt die Kurve weiter aus und wenn man schlecht hört, dann nicht so weit.

Wir machten den Test noch einmal. Jetzt drückte ich den Knopf, sobald ich den Ton hörte. Eine schöne Kurve war das Ergebnis, mit einer Abweichung von fünf Prozent zu normal. Das war auf die Vernarbung zurückzuführen, die sich aber auch noch auswachsen konnte.

Der Traum, eine kleine Rente aus einer Sportverletzung bei der NVA zu erhalten, war geplatzt wie mein Trommelfell.

Vom Gesellen zum Meister

MEISTERAUSBILDUNG. Nach meiner Armeezeit fing ich wieder in meiner alten Firma an, als Geselle. Bei meinem Chef stellte ich den Antrag, mich zur Meisterausbildung bei der Handwerkskammer in Cottbus anzumelden. Warum ich das denn will, fragte er, und ich sagte ihm: „Jetzt bin ich jung, das Lernen fällt mir noch leicht und vielleicht möchte ich mich auch mal selbstständig machen." Hahaha, anscheinend ein guter Witz, er lachte und sagte, dass ich dafür gar nicht der Kerl wäre. Der Hieb hat gesessen! Ab sofort wollte ich es ihm beweisen, dass ich es draufhabe.

Um die Anmeldung bei der Handwerkskammer kümmerte ich mich umgehend selbst, besorgte mir alle Unterlagen, füllte sie aus und legte sie meinem Chef zur Unterschrift vor. Die war dann kein Problem. Im September 1976 begann der erste Teil der Ausbildung. Der war allgemeiner Art und nicht berufsspezifisch. Philosophie war ganz wichtig, es war der Stoff Staatsbürgerkunde der Klassen 11 und 12. Buchhaltung war dabei und Lehrausbildung und, wie ich glaube, Arbeits- und Gesundheitsschutz.

Ich wohnte weiterhin zu Hause bei meiner Mutter und das blieb natürlich nicht ohne Konflikte. Selbst als ich 18 war und also volljährig, musste ich mich weiter erklären: Warum ich so spät nach Hause kam und wo ich gewesen bin. Jemanden, eine Freundin zum Beispiel, mit nach Hause zu bringen, war undenkbar! War ich am Freitagabend unterwegs gewesen, spät oder sehr früh nach Hause gekommen – je nachdem wie man es betrachtet –, wurde ich auf jeden Fall frühmorgens mit dem Staubsauger geweckt, der unmenschlich laut war. Dazu der vertraute Spruch: „Wer feiern kann, kann auch beizeiten aufstehen."

Eine eigene Bude hätte ich mir locker leisten können, aber es gab sie einfach nicht auf dem Wohnungsmarkt. Das Wohnen bei Mutter hatte ja auch etwas Gutes – die Bude war immer sauber, meine Wäsche musste ich nicht selbst waschen und zu essen gab es auch. Also zahlte ich mein Wirtschaftsgeld und wir lebten in friedlicher Koexistenz. Dann war da auch noch mein jüngerer Bruder Uli, um den ich mich auch hin und wieder kümmern musste. Wir haben zusammen auf meinem Fahrrad manche Tour gemacht oder sind mit einem geborgten Moped durch die Gegend gefahren und haben so manches Abenteuer erlebt.

VERLOBUNG UND HOCHZEIT. Eineinhalb Jahre meiner Jugendzeit waren mir also durch die Armee gestohlen worden. Aber ich war reicher an Erfahrung geworden. Eine Erfahrung war, dass eine aktive Jugendarbeit in der Kirchgemeinde keine Selbstverständlichkeit ist. So jedenfalls mein Eindruck beim Ausgang in Bad Freienwalde und der dortigen katholischen Kirchgemeinde. Nun wollte ich mich, nach meiner Armeezeit, aktiv in die Jugendarbeit in Cottbus einbringen. Ich vereinbarte einen Termin mit Jugendkaplan Kania und rückte ihm auf die Bude. Maria, meine Tanzstundenpartnerin, war ebenfalls dabei.

Meine Tanzstundenpartnerin Maria. In der katholischen Jugend hatten wir Tanzstunde. Entweder ging man da mit der Freundin hin oder man suchte sich jemanden aus dem Kreis der Jugendlichen. Meine Tanzpartnerin wurde Maria, mit der ich schon die ersten fünf Schuljahre zusammen in einer Klasse gewesen war. Die Tanzstunde endete mit einem

Abschlussball. Dazu habe ich Maria mit der Taxe von zu Hause abgeholt und sie bekam von mir auch ihren Strauß. Wir absolvierten so recht und schlecht unsere vorgegebenen Tänze – da ich zu dieser Zeit oft ins Internat musste, fehlten mir einige Tanzstunden. Der letzte Tanz im offiziellen Teil war natürlich ein Wiener Walzer, wir machten noch ein Gruppenbild mit einem professionellen Fotografen und dann hieß es: Tanz für alle.

Jetzt saßen wir beide bei Pfarrer Kania, der für die Jugendarbeit in der Pfarrei zuständig war. Der Pfarrer ist nicht ganz unbeteiligt daran, dass Maria und ich uns näherkamen – sein Plan, uns beide gemeinsam als Gruppenleiter einzusetzen, ging auf. Er benannte uns als Gruppenleiter der Jugendlichen der 8. Klasse. Ein Gruppenleiterkurs in Neuhausen folgte, denn wir wollten wissen, wie wir alles richtig und gut machen. Wir unternahmen Ausflüge mit unseren Jugendlichen und gaben uns große Mühe. Gruppenstunden müssen vorbereitet werden, was wir dann auch gemeinsam angingen. Maria hatte dafür reichlich Arbeitsmaterial zur Verfügung und so trafen wir uns bei ihr zu Hause. Und wir kamen uns näher, also Maria und ich. Eines Tages saßen wir in der Gaststätte *Zur Postkutsche*, mit dem Ergebnis, wir versuchen es miteinander.

Maria war Kindergärtnerin und arbeitete in einem staatlichen Kindergarten. Von jetzt an unternahmen wir noch mehr zusammen, wir lernten gegenseitig unsere Familien kennen, waren unterwegs mit Freunden. Maria war schon immer gut im Zuhören und irgendwie brauchte ich das und es tat mir gut.

Maria nahm ein Angebot an, als Jugendreferentin beim Diözesan-Jugendseelsorger Christoph Bockisch zu arbeiten.

Ihre Arbeitsstelle und Büro war jetzt im Johannishaus, hinter der katholischen Kirche. Sie war auch abends unterwegs in der Diözese bei den verschiedenen Jugendgruppen.

Marias Eltern waren sehr tolerant und so hatten wir bei ihr zu Hause die Möglichkeit, viel Zeit miteinander zu verbringen, zu quatschen und so manch ungestörte Stunde zu genießen, was bei mir zu Hause undenkbar gewesen wäre. Wir schmiedeten Pläne für die Hochzeit und eine Hochzeitsreise in die Hohe Tatra für das kommende Jahr. Am Anfang des neuen Jahres aber stellte sich heraus: Maria war schwanger und unsere Pläne schmolzen dahin.

Jetzt mussten wir handeln: Verlobung im Februar und Kirchliche Hochzeit nach Ostern im April. Um auf die Dringlichkeitsliste der Wohnungssuchenden zu kommen, heirateten wir am 18. Februar 1977 standesamtlich, ganz alleine auf dem Standesamt.

Wenn man heiraten möchte, braucht man goldene Trauringe. Goldschmuck bekam man aber nur zu kaufen, wenn man in entsprechender Menge Altgold abgeben konnte. Also sammelten wir in der Familie Altgold.

Marias Vater reparierte für einen Goldschmied Radio und Fernseher und dieser Goldschmied wollte uns, sozusagen als Gegenleistung, die Ringe fertigen. Jedoch: Das Altgold reichte nicht ganz für die Ringe, die wir uns ausgesucht hatten, es fehlte ein Gramm. Aber wir hatten Glück, der Mann verkaufte uns ein Gramm Gold und so konnten wir die Ringe bestellen.

Wir waren sehr aufgeregt, als wir die Ringe abholten. Da lagen sie vor uns, genauso, wie wir sie uns vorgestellt hatten. Mit den Ringen in der Tasche fuhren wir auf dem Moped in die Madlower Schluchten. Dort auf einer Brücke über der Spree sollte unsere ganz private Verlobung stattfinden. Romantik pur! Dort auf der Brücke gaben wir uns unser Versprechen und dabei passierte es: Ein Ring fiel runter! Er blieb aber zum Glück auf der Brücke liegen und rutschte nicht durch eine Bretterfuge und so hatten wir einen zweiten Versuch. War es ein Zeichen, dass unser gemeinsames Leben gefährliche, spannende, überraschende und nicht vorhersehbare Probleme bereithält, es aber immer gut wird?

Am 16. April 1977 war die Kirchliche Hochzeit und es wurde groß mit Familie und Freunden im Jugendhaus in Neuhausen gefeiert.

MEISTERSCHULE. Zum Unterricht ging es immer am Sonnabend. Damit war die Feierabendtätigkeit an diesem Wochenendtag nicht mehr möglich, das schlug sich ordentlich im Portemonnaie nieder. Im Winter ließ man sich das gefallen, aber im Frühjahr und Sommer war es nicht so prickelnd.

Ende Mai 1977 hatte ich die Prüfungen und der Teil eins war abgeschlossen. Wie es weitergehen sollte, konnte man uns zu diesem Zeitpunkt nicht sagen. Zwischenzeitlich hatten wir geheiratet und weil es auf dem Wohnungsmarkt keine freie Wohnung gab, bauten wir in einer Ausbauwohnung. Ich war froh über jede freie Stunde, die mir dafür zur Verfügung stand.

Im Spätsommer schickte die Handwerkskammer eine Nachricht: Der fachtheoretische Teil der Ausbildung findet in Berlin statt. Aha. In Cottbus gab es einen Kollegen, der da auch hinwollte, und so konnten wir uns mit der Fahrerei ablösen. Sein Vater hatte ein Dachdeckergeschäft und der Sohn fuhr eine Wartburg. Mein Automobil war wesentlich älter, es war Baujahr 1955 und nannte sich *P70*. Es war das erste

Automobil mit einer Kunststoffhaut (Duroplast), aber das Untergestell war noch aus Holz. Es handelte sich um den Vorgänger vom *P50*, also dem *Trabant*. Das Fahrzeug hatte zwei Türen, war zugelassen für vier Personen. An den Kofferraum gelangte man durch das Fahrzeuginnere, wenn die Rückenlehne umgeklappt war. Die Höchstgeschwindigkeit lag zwischen 80 und 100 km/h. Ein Zweitaktmotor trieb den P70 an, Hubraum 690 cm^3 mit einer Leistung von 22 PS. In Zeiten, als man auf ein neues Auto mindestens zwölf Jahre wartete, war das schon mal ein Fortschritt. Man musste beim Schalten in einen höheren Gang Zwischengas geben und in einen niedrigeren Gang zwischenkuppeln. Das Getriebe war also noch nicht synchronisiert. Das war für mich kein Problem, weil ich die Fahrerlaubnis für einen LKW gemacht hatte, da hatten wir es noch so lernen müssen, obwohl der *W50* schon ein synchronisiertes Getriebe hatte.

Der Anlasser, 12 Volt, war ein sogenannter *Dynastart*, heißt: Die Lichtmaschine war gleichzeitig Anlasser. Das Besondere daran: Er war umgekehrt nutzbar als Elektromotor. Wenn die Kiste mal nicht angesprungen ist, konnte man bei herausgeschraubten Kerzen eine kurze Strecke langsam im ersten Gang fahren. Der Neupreis lag bei 9.250 DDR-Mark. Ich habe meinen *P70* im Jahr 1977 für 1.500 DDR-Mark gekauft – da war der Wagen stolze 22 Jahre alt. So gehörten wir zu den etwa 2.500.000 stolzen Autobesitzern in der DDR oder anders ausgedrückt: Auf 100 DDR-Bürger kamen 15,6 PKW-Zulassungen. Es lag auf der Hand: Die Fahrt nach Berlin mit dem Wartburg war wesentlich schneller und komfortabler als mit unserem *P70*!

Der Unterricht in Berlin startete immer am Sonnabend um 8 und ging bis 3 Uhr nachmittags. Den Unterricht gab

Achim Wünsche – er war Mitautor des damals aktuellen Fachbuches für Dachdecker und er war ein ausgezeichneter Lehrer. Als erstes forderte er uns auf, die Tische und Stühle so zu stellen, dass wir uns wohlfühlen. Heraus kam eine U-Form, alle hatten Blickkontakt zueinander. Dann sagte er folgende Sätze: „Als Lehrender jemandem zu zeigen, dass er nichts weiß, ist einfach! Ich möchte aber, dass Sie, wenn Sie hier rausgehen, sagen können: Alles, was ich für meine Berufsausübung als Dachdeckermeister brauche, habe ich hier gelernt." Das waren nicht nur leere Worte, sein Stil war einfach ganz große Klasse.

Als ich später als Lehrausbilder und in der Erwachsenenqualifizierung tätig war, habe ich von seinem Beispiel profitiert. Bei Wünsche endete jeder Tag mit der Frage: „Wer beginnt nächste Woche mit der Zusammenfassung des heutigen Tages?" Dazu musste eine Unterrichtsstunde vorbereitet werden. Man war also gezwungen, den Stoff noch mal durchzuarbeiten und eine interessante Unterrichtsstunde zu gestalten. Das wurde gemeinsam bewertet und als Zensur eingetragen. Es war nicht einer dabei, der sich blamiert hätte, sondern jeder bereitete sich vor, so gut er konnte.

Damals rechnete man noch mit dem Rechenschieber, auch Rechenstab genannt. Sollte ich den meinen Enkelinnen und Enkeln erklären müssen: Er ist ein analoges Rechenhilfsmittel. Also nix mit Elektronik, sondern wenn man so will: ein paar mit unterschiedlichen Zahlenrhythmen beschriftete Lineale, die zusammengekoppelt sind, die man verschieben kann. Damit funktionieren die Grundrechenarten Multiplikation und Division. Je nach Ausführung auch Logarithmen, Potenz, Trigonometrie und mehr. Taschenrechner waren schon bekannt, aber in der DDR nicht frei zu kaufen. Der erste DDR-Taschenrechner, um 1975, hatte den Namen *Minirex* und ermöglichte die vier Grundrechenarten und kostete wohl 3.000 DDR-Mark. Herr Wünsch erlaubte uns, einen Taschenrechner zu benutzen. Das war gegenüber dem Rechenschieber schon mal von Vorteil, aber – haben und ein Stück weg sein!

Maria war zu dieser Zeit schon bei der Jugendseelsorge beschäftigt und bekam zusätzlich zum Lohn einen Betrag in D-Mark, organisiert von der Kirche im Westen. Im Intershop, diesem Wunderladen, in dem du mit Mark der DDR nicht bezahlen konntest, gab es Taschenrechner: mit vier Grundrechenarten, Prozentrechnung, Wurzel und Potenz, mit Zwischenspeicher und Netzteil, für 75 D-Mark. Im Intershop in Berlin habe ich so einen gekauft.

Auch wenn die Berufsschul-Fahrerei nach Berlin eine große Belastung war – wir hatten eine tolle Ausbildung. Wenn ein Thema abgeschlossen war, schrieben wir eine Abschlussarbeit, eine große Abschlussprüfung gab es nicht.

Ach ja, und dann war da noch ein ganz besonderer Kollege in der Meisterklasse. Der fiel schon auf durch die Klamotten, die er anhatte. Und er kam immer vorgefahren mit einem dicken Mercedes Benz 220 D, Automatik, Baujahr 1967 mit 60 PS. Auch wenn es nicht so aussah – sein Wohnort war Ostberlin, also: Hauptstadt der DDR. Sein Vater hatte einen Dachdeckerbetrieb in Berlin mit zehn Mitarbeitern. Das war die größtmögliche Betriebsgröße als privater Handwerksbetrieb. Neben den bilanzierten Aufträgen haben sie auch im privaten Bereich gearbeitet – jedoch nur, wenn D-Mark angeboten wurde. In Berlin müssen diese Einnahmen in ziemlich großem Stil möglich gewesen sein und wie wir sahen, wurde das auch zur Schau gestellt. Wie das möglich war? Keine Ahnung! Ich glaube nicht, dass so ein Verhalten der Stasi oder den Genossen verborgen geblieben ist. In irgendeiner Weise musste man sich wohl arrangiert haben, sonst wäre es nicht möglich gewesen!

An einem Tag wurde der Kollege zum Unterricht gebracht und wieder abgeholt, natürlich auch mit einem Mercedes. Auf die Frage, was los sei, gab er an, dass er die Fahrerlaubnis für einige Zeit abgeben musste, er war einfach zu schnell auf Berlins Straße unterwegs gewesen. Da haben wir gelästert, dass er schlecht D-Mark verlangen kann, wenn er nicht standesgemäß mit dem Mercedes, sondern mit dem Fahrrad kommt. Nein, sagte er, das müsse er nicht tun, auf dem Weg zu den Auftraggebern in die Pedale treten – die Wassergrundstücke müssten ja auch abgearbeitet werden und das mache er mit dem Motorboot. Ob das der Wahrheit entsprach, keine Ahnung, aber eine schöne Geschichte war es.

Was aber der Wahrheit entspricht: Wir begegneten öfter im Berliner Stadtverkehr Volvo-Pkw der 240er Reihe. Sie galten bis in die 90er-Jahre als die sichersten Autos der Welt! Manchmal erkannten wir Mitglieder der *Rockband Puhdys* in so einem Auto. Wenn nicht, dann waren es irgendwelche Bonzen der SED. Die Regierung fuhr eben solche Autos, die aus der eigenen Herstellung waren wohl nicht gut genug. Man fragte sich natürlich, wie es möglich war, so ein Auto offiziell zu erwerben. Daran merkte man, dass im Sozialismus, dem Vorgänger des Kommunismus, alle Menschen gleich sind – nur manche sind eben gleicher! Im Arbeiter- und Bauernstaat mussten die Arbeiter und Bauern mindestens zwölf Jahre (1977 Tendenz steigend) auf ein neues Auto aus sozialistischer Produktion warten. Westautos wurden offiziell nicht zum Kauf angeboten!

So, theoretischer Teil durch. Danach ging es um die praktische Prüfung. Mir war es wichtig, dass sie bald stattfindet, denn ich wollte gerne noch 1978 den Meisterbrief in der Tasche haben. Die zusätzlichen Anstrengungen sollten aufhören, – wir waren jetzt eine Familie, hatten unseren ersten Sohn Felix und Tobias war schon unterwegs.

Es dauerte dann auch nicht lange und die Aufgabe für die Meisterprüfung lautete wie folgt: Das Dach am Mehrfamilienhaus in Cottbus, Bahnhofstraße 64, – damals das *Kaffee Lauterbach* –, soll umgedeckt werden. Dazu Angebotserarbeitung, Bauvorbereitung, Baudurchführung, Abrechnung und Nachkalkulation.

Das Haus war ein sehr schönes altes Haus aus der Gründerzeit. Sein Satteldach war mit Biberschwanzziegeln eingedeckt und auf der Straßenseite hatte es mittig einen Schmuckgiebel, einen sogenannten Frontspieß. Diesen Teil des Daches hatte man als Tonnengewölbe ausgebildet. Zwei Kehlen rechts und links verbanden den Frontspieß mit dem Hauptdach. Durch die Dachwölbung verliefen die Kehlen in einem leichten Bogen.

Meistens werden Kehlen mit einem Kehlblech aus Zinkblech ausgelegt und die Ziegel der angrenzenden Dachflächen auf das Kehlblech ausgespitzt. Bei der Biberschwanzdeckung können die Kehlen eingebunden werden. Es kommt kein Zinkblech zur Verwendung, sondern die Biberschwanzziegel werden so bearbeitet, dass die Deckung durch die Kehle verläuft. Eine handwerklich sehr aufwendige Arbeit, die meisterliches Können voraussetzt. Die eine Seite der Kehlen hatte eine gekrümmte Dachfläche, so dass auch die Kehlen mit einer leichten Krümmung zu decken waren. Eine zusätzliche Schwierigkeit. Bis zu dem Zeitpunkt hatte ich –

jedenfalls offiziell – noch nie eine eingebundene Kehle gedeckt. Zum einen kam das sehr selten vor und zum anderen taten sich die älteren Kollegen schwer, ihr Wissen an die jüngeren Kollegen weiterzugeben. Lediglich auf einem Schwarzbau hatte ich mit meinem früheren Ausbilder so eine eingebundene Kehle eingedeckt.

Zur Unterstützung bei den gesamten Arbeiten bekam ich drei Lehrlinge des zweiten Lehrjahres zugeteilt, wobei ich die Kehlen höchstpersönlich und allein auszuführen hatte. Wir machten uns an die Arbeit. Wir nahmen die alten Ziegel auf, befreiten sie von den Mörtelresten und säuberten sie und ab gingen die Ziegel wieder in die Eindeckung – zu damaliger Zeit gängige Praxis, denn neue Ziegel waren absolute Mangelwahre. In Mörteldeckung eingedeckt würde das Dach noch einmal eine Liegezeit von 20 bis 30 Jahren haben.

Im Erdgeschoss des Hauses residierte die *Konditorei Lauterbach*. Der Aufstieg zum Dachboden ging über das Treppenhaus und der leckere Duft von frisch Gebackenem begleitete uns.

Manchmal standen auf den ersten Treppenstufen große 20-Liter-Milchkannen aus Aluminium mit einem schwarzen Gummideckel. Uns packte die Neugier, was wohl in den Kannen sein könnte. Schnell mal den Deckel herausgezogen und wir staunten: Schlagsahne! Fertig geschlagene Schlagsahne, mehrere 20-Liter-Kannen! Und das in einem Land, in dem das Kaufen von einem viertel Liter Schlagsahne einen absoluten Glücksfall bedeutete oder man lange vorher bestellen musste, um zu einem bestimmten Termin Schlagsahne zu bekommen. An dem Nachmittag hatten wir alle zu Hause was zu erzählen.

Wieder einmal gingen wir durch das Treppenhaus, als der Konditormeister mich auf ein Wort zu sich in die Backstube bat. Sein Problem: In letzter Zeit seien häufig Dreckspuren in seiner Schlagsahne zu finden. Seiner Vermutung nach konnte es nur einer von uns sein, der beim Vorbeigehen seinen Finger durch die Schlagsahne zog. Die Arbeit der Dachdecker ist eine sehr dreckige und so hinterlässt der Dachdeckerfinger eben Spuren. Das müsse aufhören, so seine eindringliche Bitte. Da lag eigentlich eine ganz einfache Lösung auf der Hand – die Kannen mit Schlagsahne nicht im Hausflur stehen lassen, sondern unter Verschluss nehmen. So sagte ich es dem Mann. Ich würde mir nicht die Mühe machen und versuchen herauszubekommen, wer von uns seinen Dreckfinger durch die Schlagsahne gezogen hat. Wirklich, wer kann schon dauerhaft so einer Versuchung widerstehen! Der Arbeit am Dach tat die Schlagsahne keinen Abbruch und für meine Praktische Arbeit samt schwieriger Kehlen gab es von der Prüfungskommission immerhin eine sahnige Drei. Insgesamt habe ich für meine Meister-Prüfungsarbeit etwa sechs Monate gebraucht.

Die Meisterfreisprechung fand bei der Handwerkskammer in Cottbus statt und wir bekamen ein simples A-4-Blatt als Meisterurkunde. Auf meine Frage, wie man zu einem sogenannten Meister-Schmuckbrief kommt, lautete die Auskunft: „Darum müssen Sie sich selbst kümmern. Wenn Sie dann so eine Urkunde haben, beglaubigen wir Ihnen die gerne, dann können Sie sich den Stempel abholen." Diese Antwort hat mich sehr geärgert, ich habe mich aber nie um die Urkunde gekümmert und selbst nach der Wende, wo es kein Problem gewesen wäre, habe ich es nicht getan. Ich weiß, was ich kann, das genügt mir.

In der PGH übernahm ich nun die Lehrlingsausbildung. Wir hatten eigene Lehrlinge und wir hatten Lehrlinge, die wir für andere Betriebe ausbildeten. Die Firmen mussten für die Ausbildung ihrer Lehrlinge eine stolze Summe an die PGH bezahlen. Das war für uns ein gutes Geschäft. War unter den Lehrlingen von draußen einer mit guten Leistungen, haben wir ihn als Gesellen sofort abgeworben, ein Recht auf Rückzahlung hatten die Firmen nicht. So haben wir einige gute Leute bekommen, deren Ausbildung wir nicht bezahlen mussten.

Lehrmaterial für die Lehrausbildung gab es nicht, bis auf ein Lehrbuch. Deshalb habe ich auf der Baustelle einzelne Arbeitsschritte fotografiert und Dias angefertigt. Wenn schlechtes Wetter war und wir draußen nicht arbeiten konnten, habe ich mit den Lehrlingen praktische Lehrunterweisung gemacht, da waren die Dias sehr hilfreich und eine große Unterstützung. Diese Methode war damals was Besonderes. Unsere Lehrlinge berichteten davon in der Berufsschule und ich wurde eingeladen, einen Vortrag zu halten, was ich natürlich gern tat.

Die Lehrausbildung wurde von der Abteilung Berufsbildung und Berufsberatung beim *Rat des Kreises* oder *Rat des Bezirkes* überwacht. Irgendwann musste also auch bei uns so eine Kontrolle anstehen. Die offizielle Richtlinie für die Lehrausbildung beinhaltete die berufliche Bildung sowie die kommunistische Erziehung der Lehrlinge mit dem Ziel, allseitig gebildete, klassenbewusste, qualifizierte Facharbeiter auszubilden. So überlegte ich, wie ich den Teil der kommunistischen Erziehung am besten dokumentieren könnte und mir kam eine Idee. Am 23.11.1980 hatte sich in der Region Irpinia (Italien) ein Erdbeben mit etwa 2.700 Toten ereignet und im *ND (Neues Deutschland,* Zentralorgan der Sozialistischen Einheitspartei SED) stand groß die Überschrift: „Es traf die Ärmsten der Armen." Bei der Sparkasse erkundigte ich mich, ob die Möglichkeit besteht, für die Erdbebenopfer zu spenden und zu meinem Erstaunen war es möglich. Mit den Lehrlingen gestaltete ich nun eine Wandzeitung mit dem Aufruf, für die Ärmsten der Armen zu spenden.

In unserer PGH war im ersten Quartal die Jahreshauptversammlung, heißt: Der Rechenschaftsbericht über das vergangene Geschäftsjahr kam auf den Tisch, Vorstand, die Revisionskommission und der Vorsitzende wurden (zeitlich im Wechsel) neu gewählt. Und was für die Genossenschaftsmitglieder besonders wichtig war: Sie bekamen ihre Gewinnausschüttung ausgezahlt! Je erfolgreicher das Geschäftsjahr, umso mehr Geld gab es, in der Regel mehr als ein Monatsgehalt. Bei der Jahreshauptversammlung, dem öffentlichen Teil, waren auch immer Vertreter vom Bauamt und der Handwerkskammer dabei. Die dankten in ihren Reden den Genossenschaftsmitgliedern für ihre gute Arbeit und riefen zu Geldspenden für die Unterstützung der internationalen Solidarität auf. Diese Unterstützung war ja nun Thema unserer Wandzeitung gewesen, die Kollegen nahmen unser Anliegen gut auf und griffen ordentlich in die Taschen, wir konnten einen nennenswerten Betrag auf das Sonderspendenkonto überweisen.

Die Mitglieder der Kontrollkommission der Abteilung Berufsbildung und Berufsberatung schauten auch auf die praktische Ausbildung, guckten, wie der Arbeitsschutz realisiert wurde und hospitierten bei einer berufspraktischen Unterweisung. So eine Kontrolle hatten wir in der PGH und am Ende fand die Auswertung bei uns in der Firma statt. „Sehr gut, die berufspraktische Ausbildung hier", das wurde uns bescheinigt. Aaaaaaber: „Die kommunistische Erziehung wird nur mangelhaft ausgeführt." Hä? Und was war mit unserer Wandzeitung? Auf die wies ich hin und auf den Fakt, die Lehrlinge seien maßgeblich daran beteiligt gewesen, dass eine stattliche Summe gespendet werden konnte für die Ärmsten der Armen, die es ja laut Aussage vom ND besonders getroffen hatte. Na und wer sind denn die Ärmsten der Armen im Kapitalismus? Na? Das sind doch wohl die Arbeiter! Darauf bekam ich dann zur Antwort, dass bei der kommunistischen Erziehung besonders die Solidarität mit den ärmeren *sozialistischen* Staaten auszuüben sei. Den Arbeitern in der *kapitalistischen* Welt müsse es schlecht gehen, sonst würden die sich ja nie gegen ihre Unterdrücker erheben.

Ich hätte platzen können vor Wut, zwang mich aber zur Ruhe. Dann entgegnete ich dem Schlaukopf: „Da bin ich dann wohl der Falsche für die Leitung der Lehrausbildung. Von meiner Überzeugung her bin ich kein Kommunist, sondern Christ und kann also nicht gegen meine christliche Überzeugung kommunistisch erziehen, arm ist arm." Das traute ich mich aber nur zu sagen, weil ich fest davon überzeugt war: Die hatten niemanden sonst für die Ausbildung. Und wenn sie mich abgesägt hätten, hätte ich immer noch als Bereichsmeister tätig sein können – mein Chef war ebenfalls Christ und mir gegenüber nachsichtig und unterstützend. Am Ende kam es, wie es kommen musste: Die Aufsichtsbehörde ließ uns machen und sie waren wohl froh darüber, dass in der PGH Bedachung gute Handwerker ausgebildet werden, die ihre ganze Kraft für den Aufbau des Sozialismus einsetzen konnten.

Cottbuser Saurer

Ich war von der Armee zurück in der PGH, auf meinen eigenen Antrag hin wurde ich zum Brigadier und bekam meine eigene Brigade – *Brigade Heine* bestand aus Uli, Manne und mir. Uli war fünf Jahre älter als ich und Facharbeiter. Manne war drei Jahre älter als ich und hatte keinen Facharbeiterabschluss, er war Helfer. Chef als Jüngster in der Truppe? Das war nicht so einfach. Uli, Facharbeiter und älter, ließ sich nicht so leicht was sagen. Manne dagegen war zwar pflegeleicht, hatte aber einen Fehler: Er trank gerne einen über den Durst. Dadurch kam er manchmal zu spät oder – seltener – gar nicht auf Arbeit. So musste ich mich von Anfang an durchsetzen. Ich beschloss für mich, nach dem Kutscherprinzip vorzugehen. Heißt: Zügel lockerlassen und nur, wenn Gefahr droht, anziehen.

Uli hatte ein gutes Fachwissen, war sehr kräftig gebaut und konnte gut zupacken. Manne hatte Humor, starke Muskeln und war ebenfalls sehr kräftig. Dachdecken ist eine körperlich anstrengende Arbeit und man muss schon seine Kräfte einteilen, damit man bis zum Feierabend durchhält. Wir kamen gemeinsam ordentlich voran und als wir einige Wochen gut zusammengearbeitet hatten, wurde aus dem Versuchsballon *Brigade Heine* eine dauerhafte Angelegenheit – ich musste und wollte meinen Einstand geben.

Es war an einem Tag im Februar. Um 7 Uhr sollte es losgehen auf der Baustelle. Zehn Minuten vorher war ich damit beschäftigt, ein Verlängerungskabel zum Keller auszurollen, damit wir den Bahnheizkörper im Baustellenwagen anstecken konnten, um es zum Frühstück warm zu haben. Da kam Uli auf seinem Moped um die Ecke und kurz danach Manne auf seinem Fahrrad. Kurze Besprechung und rauf aufs Dach. Kurz vor dem Frühstück fängt es an zu regnen. Wir sichern also unseren Bereich und ziehen uns in den geheizten Bauwagen zurück. Der Regen hört nicht auf und ich denke, da könnte ich doch meinen Einstand geben. Ich gebe Manne Geld, einen Fünfzig-Mark-Schein, anders hatte ich es nicht, damit er ein paar Bier und Wurst und Brötchen für Mittag holen sollte.

Manne brachte außer Bier und Wurst auch eine Flasche Schnaps mit. „Ein *Bomka*", sagte er dazu, „das ist eine neue Sorte: *Cottbuser Saurer*, der hat nur 32 % und ist also harmlos." Ich nahm ihm die Flasche weg und brachte sie in meinem Spind in Sicherheit.

Wie erwartet, regnete es weiter. Skatkarten raus und es wurde um halbe Pfennige gespielt. Die Biere waren ausgetrunken, die Wurst gegessen und es regnete immer noch. Skat spielen macht nach drei Stunden keinen Spaß mehr. Manne ging noch mal Bier holen. Uli und ich liefen raus in den Regen und räumten das eine und andere auf der Baustelle auf. Schnell hatte der Regen unsere Klamotten durchweicht, also zurück zum Bauwagen. Im Bauwagen saß Manne und hatte aus dem Cottbuser Sauren einen heftigen Zug genommen. Er hielt uns die Flasche hin. Aber wir lehnten ab, weil wir mit den Mopeds nach Hause fahren wollten zum Feierabend. Da drehte Manne durch – er soff die Flasche auf ex. Es dauerte nicht lange und Manne lag mit dem Kopf auf dem Tisch, schlief und schnarchte vor sich hin.

16 Uhr, Feierabend. Manne schläft immer noch. Wir wecken ihn und sagen, dass Feierabend sei und wir jetzt alle nach Hause gehen sollten. Manne ist so besoffen, dass er nicht auf sein Fahrrad steigen kann. Also versuchen wir, ihn in die Straßenbahn reinzubekommen, damit er dann

umsteigen und mit dem Bus nach Hause fahren kann. Er wohnte in einem Dorf kurz vor Burg, dreizehn Kilometer von Cottbus. Aber in die Straßenbahn kriegen wir ihn auch nicht rein. Legen wir ihn also im Bauwagen auf die Bank und suchen was zum Zudecken. Die Heizung bleibt an, damit er nicht friert, so sollte es gehen.

Wir redeten ihm gut zu und er war wohl auch damit einverstanden. Uli und ich standen noch kurz am Bauwagen und überlegten, ob das gut geht, da rumste es im Bauwagen – Manne war von der Bank gefallen und mit der Nase auf den heißen Bahnheizkörper aufgeschlagen. Auf dem Nasenbein fehlte die Haut, die war jetzt auf den Bahnheizkörper. Manne schielte auf seine Nase und meinte, dass es sehr weh tut. Man konnte gut sehen, dass die Wunde nässte.

So konnten wir Manne nicht im Bauwagen lassen, eine Lösung musste her! Ich holte mein Moped, eine *Schwalbe*, und Manne setzte sich mit Hilfe von Uli hinter mich. Uli nahm einen langen Riemen aus der Werkzeugkiste und band damit Manne und mich zusammen. Eine kurze Runde auf dem Hof, es sollte funktionieren.

Auf Nebenstraßen fuhr ich Richtung Burg. Manne lallte hinter mir, dass der Fahrtwind seiner Nase guttut und sie kühlt. Wir hatten den Militärflugplatz hinter uns gelassen, als plötzlich eine Polizeikontrolle auf der Landstraße in Sicht kommt. Ich sage zu Manne, er soll nur nach rechts schauen und sich absolut ruhig verhalten, sonst sind wir am Arsch! Langsam fahre ich an den Polizisten ran. Er nimmt den Verkehrsstab nach unten, lässt ihn an seinem Handgelenk baumeln und sagt: „Fahren Sie bitte langsam weiter und geben Sie acht, auf fünf Kilometer Länge ist Truppenbewegung." Langsam weiterfahren, das werden wir tun, gebe ich ihm zu verstehen und ohne noch Zeit zu verlieren, fuhr ich weiter. Manne hatte sich wirklich ruhig verhalten, so dass er nicht aufgefallen war.

Bei ihm zu Hause auf dem Hof angekommen, sagte ich Manne, er soll sich festhalten, ich würde den Riemen jetzt lösen. Gesagt, getan – und plumps lag Manne auf der Erde. „Ist schon gut", murmelte er, ich solle schnell wegfahren, damit mich seine Frau nicht erwischt. Na, so weit kommt es noch, dachte ich, was kann ich dafür, und gab kräftig Gas.

Wenn Dachdecker sprachlos sind

Es war im Sommer, wir hatten mit unserer Feierabendtruppe Hochkonjunktur. Im Spreewald reichten uns die Bauern vom einen zum anderen weiter, sozusagen auf dem silbernen Tablett. Hatten wir ein Dach fertig umgedeckt – also Ziegel aufnehmen, säubern, neu eindecken – ging es bei einem anderen Bauern weiter. Das Material wurde uns bereitgestellt und lediglich unsere Arbeitskraft war gefragt und gut bezahlt.

Manchmal wussten wir nicht: Sind wir zum Arbeiten auf dem Hof oder zur Hochzeitsfeier? So jedenfalls konnte man meinen, wenn das Essen auf dem Tisch stand. Es wurde aufgetafelt, was man sich nur denken konnte: Wiener im eigenen Darm, Schinken, hausschlachtene Wurst, gebratene Enten, selbstgebackenes Brot und riesige Bleche mit Kuchen. „Ihr müsst viel essen", hieß es immer, „ihr arbeitet schwer!" Manchmal konnten wir nach dem Essen kaum weiterarbeiten, soviel hatten wir gefuttert und immer von Feinsten! Von Mangelwirtschaft war hier keine Spur! Auf einer Baustelle mussten wir immer durch die Küche über die Treppe auf den Dachboden. Wir arbeiteten ohne Gerüst und so wurde das meiste Material durch die Küche auf den Dachboden transportiert. Es war ein sehr großes Dach, das sich über das Wohnhaus und das Stallgebäude erstreckte. Drei Wochen hatten wir zu tun.

Meistens wurden wir in der Küche versorgt, bei schönem Wetter saßen wir zum Mittag auch manchmal im Hof um einen großen Tisch. Es war unser letzter Tag. Einige Restarbeiten, wie Innenverstrich und Ausschnitte verschließen, hatten wir erledigt. Zum Abschluss gab es noch ein richtig fettes Abendessen in der Küche.

„So, Meister, mach jetzt mal Rechnung", sagte der Bauer, „was bekommt ihr jetzt von mir?" Ich hole mein Notizbuch hervor und schaue auf meine Zusammenstellung aller geleisteten Stunden und nenne eine nicht unerhebliche Summe. Wir machten bei uns in der Feierabendtruppe kein Geheimnis aus Geld, denn jeder bekam denselben Stundensatz, egal welche Qualifikation er hatte, jeder gab sein Bestes. Wenn man so will, hatten wir schon ein bisschen kommunistische Züge, und das, obwohl es sich um Schwarzarbeit handelte. Der Widerspruch in sich!

Der Bauer wusste nun, welchen Betrag er zahlen sollte, er stand auf und ging zum Küchenschrank. Der bestand aus einem kompakten Unterteil mit drei Türen und darüber Schubfächer. Das Oberteil war etwas zurückgesetzt und hatte drei Teile. Links und rechts jeweils zwei Glastüren mit weißem, gemustertem Glas. Ein Mittelteil mit zwei Türen und dem gleichen Glas und darunter ein offener Bereich.

Am Küchenschrank angelangt, öffnete der Bauer die rechte Glastür, ohne dass die abgeschlossen gewesen wäre. Ein Boden teilte das offene Fach – und das ganze Fach lag voller Geldscheine. Mit einem Griff nahm der Bauer so viel Geld heraus, wie er greifen konnte, und schmiss den Haufen auf den Tisch. Jetzt bekam jeder einen 50-Mark-Schein mit dem Hinweis: „Trinkgeld." Dann begann er die Summe, die ich genannt hatte, abzuzählen, gab mir den Packen und bedankte sich für die gute Arbeit. Den Rest des Geldhaufens schmiss er wieder in das Küchenschrankfach.

Während der Zeit der Geldentnahme und des Geldeinwurfs herrschte absolute Stille in der Küche. Wochenlang sind wir alle nichtsahnend an diesem Küchenschrank vorbeigegangen! Wir waren einfach nur sprachlos.

Für Westgeld geht alles

Neben meiner Arbeit als Bereichsmeister und Lehrausbilder in der *PGH Bedachung Cottbus* kümmerte ich mich auch noch um unsere Ferieneinrichtung in Schwerin, südlich von Berlin am Schweriner See, bei Teupitz. Die Entfernung von Cottbus war knappe 80 Kilometer und so fuhr ich zwischendurch auch mal schnell hin und konnte mich um alles kümmern. Wir hatten die Auflage, den Wohnwagen so aufzustellen, als sei dort ein Bungalow gebaut worden. Als Wohnwagen durfte er nicht mehr in Erscheinung treten.

Ich arbeitete mal wieder auf dem Grundstück und plötzlich fragte ein Mann am Zaun: „Können Sie mir sagen, wo ich hier die Dachdecker finden kann?" – „Da haben Sie Glück", sagte ich, „was möchten Sie denn von den Dachdeckern, einer steht vor Ihnen." Darüber war er sehr erfreut und erzählte: „Nicht weit von hier habe ich ein Haus, mehr eine Villa. Das Dach wurde im vorigen Jahr neu mit Biberschwanzziegeln eingedeckt. Im Dach sind zwei Kehlen. Mein

Bruder aus Westberlin möchte, dass die Kehlen eingebunden gedeckt werden. Das konnte die Firma nicht, die bei uns gearbeitet hat, und so bin ich auf der Suche nach einem Dachdecker, der die eingebundenen Kehlen decken kann. Mein Bruder würde dafür 1.000 DM bezahlen."

Mein Werkzeug, das ich bis dahin in der Hand hielt, fiel zu Boden und ich sagte zu dem Mann: „Na dann gehen Sie mal voraus, ich folge Ihnen und wir schauen mal."

Fünf Minuten später standen wir auf einem riesigen Grundstück mit großen Bäumen und einer Wiese, die bis zum Teupitzer See reichte. Auf dem Grundstück eine große Villa. Ihr Hauptdach und die Mansarden waren mit neuen Biberschwanzziegeln eingedeckt. In der Mansarde befand sich ein Frontspieß mit zwei Kehlen von drei Meter Länge. Keine einfache Arbeit!

Ich kratzte mich am Kopf und sagte zu dem Mann: „Ja, keine einfache Sache! Steile Dachneigung und im Giebel auslaufend, das kann nicht jeder eindecken! Aber ich könnte es machen, wenn Sie Gerüst besorgen, dass wir die Bereiche einrüsten können. Dazu benötige ich zwei Wochenenden. Ich würde Freitag nach Feierabend kommen, dann können wir das Gerüst aufstellen und am Sonnabend und Sonntag sollte eine Kehle fertig sein. Kann ich bei Ihnen schlafen?"

„Ja, natürlich können Sie bei uns schlafen", antwortete er freudig, „Sie können auch gern bei uns mitessen, wenn Sie möchten. Da wird sich mein Bruder sehr freuen, wenn ich ihm erzähle, dass ich einen Dachdecker gefunden habe. Wann können Sie denn mit den Arbeiten beginnen?", fragte er noch. „Am nächsten und übernächsten Wochenende kann ich die Arbeiten ausführen, ich freue mich auf diese interessante und fordernde Arbeit!", sagte ich.

Wir verabschiedeten uns und ich ging zu unserem Grundstück zurück. Eintausend Westmark, ich konnte kaum noch klar denken. Unter der Hand konnte man schon mal Ostmark in Westmark tauschen – bis zu einem Umtauschsatz von zehn zu eins. Die Gedanken flogen durcheinander, an Weiterarbeiten war nicht mehr zu denken. Ich fuhr erst mal zurück nach Cottbus. Hier musste ich schnell die Termine für die nächsten zwei Wochenenden absagen.

Mein Erlebnis erzählte ich Maria. Ihre Freude hielt sich in Grenzen, denn das Ganze bedeutete, dass ich wieder zwei Wochenenden komplett nicht zu Hause bin und das auch noch über Nacht.

Am Freitag packte ich mein Werkzeug zusammen und fuhr gleich nach der Arbeit nach Schwerin. Mit dem Bauherrn zusammen bauten wir noch das Gerüst auf. Beim Abendbrot erzählten mir die Eheleute, dass ihr Kind an Leukämie erkrankt ist und sie deshalb jeden zweiten Tag nach Berlin in die Charité fahren müssen. Ich bekam ein kleines Zimmer zugewiesen zum Schlafen, in dem kleinen Frontspieß, gleich hinter meiner Arbeit. Was können wir froh sein, so gesunde Kinder zu haben, waren meine Gedanken vorm Einschlafen.

Am Morgen, nach dem Frühstück, legte ich los. Mörtel einrühren, Ziegel, Mörtel und Werkzeug auf die Rüstung schleppen und den Kehlanfang austüfteln. Da kam ein roter *Fiat Mirafiori* mit Westberliner Kennzeichen auf den Hof gefahren. Ein Mann stieg aus, schaute zu mir hoch und sah, wie ich mit einer Ziegelzange einen Biberschwanzziegel bearbeitete. Nach einer Weile schüttelte er den Kopf, stieg in sein Auto und fuhr weg. Was sollte ich davon halten? Ich arbeitete weiter an meiner Kehle. Nach gut zwei Stunden kam das Auto wieder auf den Hof, der Mann stieg aus, nahm einen Winkelschleifer aus dem Kofferraum und kletterte zu mir auf die Rüstung. „Tach och, ick bin Klaus, der Bruder vom Andreas. Versuch es doch mal damit!", forderte er mich auf. „Das macht keinen Sinn!", erwiderte ich etwas genervt. „Winkelschleifer haben wir auch, wenn ich den benutze, kann ich die Ziegel wohl anritzen, muss sie dann aber noch brechen und da fliegt zu 80 Prozent die Spitze mit weg, da kneife ich meine Ziegel lieber gleich mit der Zange." Er hob den Winkelschleifer auf und hielt ihn mir demonstrativ vor die Nase. „Ob der Herr dit jetzt einfach mal probieren wollen?", forderte er mich auf. Also nahm ich den Winkelschleifer und begann den eben angezeichneten Ziegel zu bearbeiten. Anstatt nur zu ritzen, durchschnitt die Scheibe den Ziegel mit einer Leichtigkeit, dass ich nur noch staunen konnte. „Was ist denn das für eine Scheibe?", fragte ich verdutzt. „Da staunste, wat?", berlinerte er. „Dit nennt man Diamantscheibe, habta wohl nich inne DDR? Dann machma jetzt schön weiter damit, Abend nehm ick se wieder mit rüber. Brauchst keene Angst zu haben, morgen früh haste se wieder!"

Ziegel für Ziegel schnitt ich wie durch Brot. Ich konnte es nicht fassen. So eine Arbeitserleichterung! Am späten Nachmittag war ich mit meiner Kehle oben, wir rüsteten noch gemeinsam um, so dass ich am Sonntag schon die zweite Kehle in Angriff nehmen konnte. Wie versprochen war mein Freund der Winkelschleifer auch wieder eingetroffen und ich machte mich an die Arbeit. Tatsächlich hatte ich am Nachmittag auch die zweite Kehle oben. Es ging alles viel schneller als gedacht und ich war mir nicht mehr sicher, ob ich auch die vereinbarten tausend Westmark bekommen würde.

Wir rüsteten gemeinsam ab, ich räumte mein Werkzeug in mein Auto und wir standen zusammen vor der Villa und begutachteten meine Arbeit. „Sieht sehr jut aus, was der da so jemacht hat, meenste nich ooch?", fragte Klaus seinen Bruder. „Es sieht wirklich sehr schön aus und besonders freue ich mich, dass es so schnell ging. Jetzt ist das komplette Dach endlich fertig!"

Es war mir also gut gelungen, freute auch ich mich, aber wann und wieviel Geld bekomme ich nun? Meine Gedanken waren überflüssig. Klaus zog die Brieftasche aus der Jacke und gab mir einen Packen Geld in die Hand. „Hier, für deine jute Arbeit, zähl nach!" Ich zählte zehn Einhundert-D-Mark-Scheine und ich merkte, wie mir das Blut in den Kopf schoss. Ziemlich hastig verabschiedete ich mich von allen, ich wollte jetzt schnell weg. Warum? Hatte ich Angst, man könnte mir das Geld wieder wegnehmen? Ich weiß es bis heute nicht. Auf der Autobahn schwebte ich förmlich dahin. Eintausend Westmark hatte ich in der Tasche, welch ein Wahnsinn!

Zu Hause saßen alle beim Abendbrot und ich legte einen Packen Hundert-D-Mark-Scheine auf den Tisch. Wir überlegten, was wir alles für dieses Geld kaufen können. Es wurde spät!

Unsere West-Patentante Gisela müsste bei ihrem nächsten Besuch das Geld mitnehmen. Die DDR sollte nichts davon bekommen! Was wir später erst erfuhren: Gisela hat das Geld in einem Wollknäuel versteckt und bei der Grenzkontrolle im Zugabteil fleißig gestrickt. Nicht auszudenken, hätten die Grenzer gewusst, dass da nicht nur ein Wollknäuel lustig hin und her hüpft bei der fleißig strickenden Frau Schwarz!

WOHNUNG. Im Februar 1977 hatten Maria und ich standesamtlich geheiratet, damit wir uns in die Dringlichkeitsliste für Wohnungssuchende eintragen lassen konnten. Die wurde geführt im Amt für Wohnungswesen beim Rat der Stadt Cottbus und für unsere Eintragung brauchten wir einen Termin. Als es so weit war, lag bei der zuständigen Dame ein großes Buch auf dem Tisch und sie blätterte lange, bis sie an das Ende der Eintragungen kam. Dort malte sie nun unsere Namen hinein.

Sie schaute danach in mein ungläubiges Gesicht und sagte dazu: „Nicht, dass Sie glauben, es geht hier der Reihe nach, nein, hier geht es nach Dringlichkeit. Bei Ihnen sehe ich keine Dringlichkeit, denn Ihre beiden Eltern wohnen in großen Wohnungen, da ist sicher auch Platz für Sie!" Maria wohnte mit ihren Eltern und einem jüngeren Bruder in einer Altbau-Dreiraumwohnung und ich mit meiner Mutter und einem jüngeren Bruder ebenfalls in gleicher Wohnsituation. Maria war schwanger, im September erwarteten wir unser erstes Kind.

Das mit der Wohnungsvergabe übers Amt konnte also nichts werden. Wohnraum war eine absolute Mangelware. Der Wohnungsstandard in vielen Altbauten lag unter der Zumutbarkeitsgrenze. Da gab es im Treppenhaus zwischen den Geschossen Klos, die im Winter eisfrei zu halten waren. Warmes Wasser kam für gewöhnlich nicht aus der Wand, im Idealfall gab es mehrere Einzelöfen zum Befeuern in den Zimmern und die Fensterscheiben glänzten als Einfachglas, wenn als Kastenfenster, dann meist zugig. In Cottbus entstanden durchaus viele Neubauten, ein Wohngebiet nach dem anderen auf der grünen Wiese. In diese Wohnungen zogen aber vor allem die Werktätigen der Kohle- und

Energiewirtschaft und das auch nach langer Wartezeit. Alte Wohnhäuser gehörten zu großen Teilen privaten Besitzern, die nicht enteignet wurden. Da die Politik der SED das Ziel verfolgte, dass niemand sich durch Immobilienbesitz bereichern sollte, wurde schon 1945 ein Mietstopp verfügt. Die staatlich festgelegten Mieten waren äußerst niedrig und galten für jeglichen Wohnraum, unabhängig davon, ob es sich um privates, genossenschaftliches, kommunales oder staatliches Eigentum handelte. Das war so bis zum Ende der DDR. Die Mieteinnahmen waren so niedrig, dass notwendige Reparaturen kaum und Modernisierungen überhaupt nicht bezahlbar waren.

Die Leidtragenden waren besonders die privaten Hausbesitzer, denn sie konnten nicht auf staatliche Unterstützung hoffen. Verschärfend kam noch der absolute Mangel an jeglichem Baumaterial und Arbeitskräften hinzu. So war der Altbaubestand dem Verfall preisgegeben.

Ein freier Wohnungsmarkt existierte nicht, Wohnungen wurden nur von den Gemeinden vergeben, durchs Amt für Wohnungswesen. Dazu musste man einen Antrag stellen, wie wir es auch gemacht hatten, und immer wieder nachfragen. Also persönlich nach vorheriger Anmeldung, telefonisch hatte man keine Chance. Im Flur des Amtes lag ein Buch aus, in das man sich eintragen musste, und die Termine waren auf Wochen im Voraus ausgebucht. Da aber viele ihren Namen mit Bleistift eingetragen hatten, konnte man, wenn es sehr dringend war, auch schon mal einen Namen ausradieren und den eigenen Namen mit Kugelschreiber eintragen, so kam man zeitnah an einen Termin. Das jedenfalls erzählte man sich. Wenn man dann tatsächlich bei der entsprechenden Dame am Tisch saß, erfuhr man auch nichts anderes, als dass man Geduld haben solle, zurzeit sei kein Wohnraum frei.

Es gab auch noch die Möglichkeit, eine Ausbauwohnung zu bekommen. Das waren Wohnungen, die schon lange nicht mehr vermietet waren, weil das Dach undicht war oder sonst ein Mangel eine Vermietung unmöglich machte. Diese Möglichkeit hatte ich ins Auge gefasst und mir einen Termin beim Amt besorgt. Ich trug mein Anliegen vor und die Dame fragte mich, an welche Gewerke ich denn so rankommen würde. Da konnte ich aufzählen: „Ein Bruder ist Zimmermann und Bauingenieur, ein Schwager ist Elektriker, im Freundeskreis sind Maurer, Klempner und Maler vorhanden und ich bin Dachdecker." Nach etwas Überlegen sagte sie, dass ich zur Gebäudewirtschaft gehen soll und nach der freien Wohnung in der Petersilienstraße fragen. Petersilienstraße, das klang doch gut.

Es war Dienstag und das war auch zu DDR-Zeiten der Behördentag, an dem bis 18 Uhr gearbeitet wurde. So fuhr ich ganz schnell zur Gebäudewirtschaft und erreichte noch jemanden. „Ich hätte gern den Schüssel für die Wohnung in der Petersilienstraße, wo genau ist die Wohnung denn?" – „Das ist die Nummer 20 und Schlüssel brauchen Sie keinen, die Wohnung ist nicht abgeschlossen." Gleich setzte ich mich auf mein Moped und fuhr dort hin. Es war ein zweigeschossiges Haus und die Wohnung im ersten Stock. Die Tür war mit einer Mullbinde zugebunden und ich konnte rein. Es dämmerte, aber ich sah genug: drei Zimmer, ein Bad, eine Küche, ein kleiner Flur und sogar ein Balkon. Überall standen Töpfe und Schüsseln, offenbar war das Dach kaputt. Voller Freude fuhr ich zu Maria und berichtete ihr von der Wohnung.

Mit einer Taschenlampe bewaffnet fuhren wir zusammen in die Petersilienstraße. Jetzt sah ich im Schein der Taschenlampe genauer hin. Die Fenster waren teilweise kaputt, sie ließen sich nicht mehr schließen. Hier und da fehlte der Putz an der Decke und überall waren Wasserflecken. Der Fußboden war an mehreren Stellen rott und man sah angefaulte Balkenköpfe. Eigentlich deprimierend, doch wir waren voller Freude und Zuversicht: „Das bekommen wir hin!"

Am Sonntag darauf trafen wir uns mit der Familie in der Wohnung. Mein Bruder hatte eine Flasche Weinbrand mitgebracht und wir tranken uns die Wohnung schön. Nur meine Mutter hatte nicht den Optimismus zu glauben, dass wir das schaffen würden: „Kinder, Kinder", stöhnte sie. Alle anderen versprachen zu helfen und so beschlossen wir, das Projekt gemeinsam zu wagen.

Die Gebäudewirtschaft schloss mit uns einen Vertrag und wir bekamen sogar für jede geleistete Arbeitsstunde 4 Mark 50. Das notwendige Material mussten wir uns selbst irgendwie besorgen. Da gab es mehrere Möglichkeiten. Zum Beispiel von der Baustoffversorgung als nicht bilanziertes Material, da musste man immer schauen, wo es was gab, das noch nicht als vorhanden eingetragen war, und gegebenenfalls schnell handeln. In den Firmen, wo man selbst arbeitete oder Freunde und Bekannte hatte, war das eine oder andere zu bekommen.

Und dann gab es noch die Möglichkeit zu tauschen. Ein Tischlermeister aus Kolkwitz brauchte einen Dachdecker, Dachreparaturen für ein Flachdach mit entsprechendem Material. Wir brauchten einen Tischler, der uns die Fensterflügel aufarbeitet, so dass sie wieder funktionsfähig würden. Aus den Fensterflügeln haben wir die Scheiben ausgebaut und die Flügel zum Tischler gebracht. Die Dachreparaturen an seinem Anwesen haben wir ausgeführt, aber die Fensterflügel ... Die standen immer noch unbearbeitet in der Ecke. Er vertröstete uns immer wieder! Wir mussten also Druck machen.

Unter seinem schick renovierten Flachdach lagerte der Tischler getrocknete Eichenbohlen – wir haben die Dachpappe vom Flachdach abgerissen und dem Mann gesagt, wenn er morgen mit unseren Fensterflügeln angefangen hat, werden wir das Dach wieder schließen. „Das könnt ihr nicht machen", schimpfte er, „denn die Eichenbohlen dürfen nicht nass werden." Na ja, was soll man da sagen: „Du hast es doch selbst in der Hand, wir kommen morgen gucken, ob du mit den Fensterflügeln angefangen hast."

Am Vormittag des nächsten Tages rief er bei mir auf Arbeit an: „Die Fenster sind in Arbeit." Geht doch. So kam das Flachdach am Nachmittag wieder drauf.

Ein Holzhändler fragte mich, ob ich ihm Dachpappe besorgen könne. Ja, sagte ich – wenn er mir Holzschalung und Bohlen besorgen kann. So manches Mal war es abenteuerlich und nicht immer alles rechtens, aber wir halfen uns gegenseitig.

Im September zogen wir ein und hatten unsere eigene Wohnung, als unser erstes Kind, Felix, geboren wurde. Es waren längst nicht alle Arbeiten abgeschlossen, aber wir konnten loswohnen.

Drei Jahre später hatten wir drei Kinder und wir fanden es eng in der Wohnung. Da wurde im Hinterhaus die oberste Zweizimmerwohnung frei und ich versuchte, beim Amt für Wohnungswesen einen Bezugsschein zu bekommen, um diese Wohnung auszubauen, eine Verbindung zu unserer

Wohnung zu schaffen und die dadurch zu vergrößern. Es war nicht einfach, aber es gelang! Jetzt wohnten wir wieder für mehrere Monate auf einer Baustelle. Ich steckte all mein Können, meine Verbindungen und Beziehungen in das Vorhaben, denn nun stand fest: Wir werden sehr viel Wohnraum haben und nie wieder ausziehen müssen. Beleuchtung wurde unter Putz verlegt, das Bad mit Fliesen versehen, das Esszimmer bekam eine Holzdecke und die Füllung der Türen ersetzten wir durch buntes Glas. Im Hof bauten wir einen Karnickelstall und hielten ab sofort Kaninchen. Einen freien Keller richtete ich mir als Werkstatt ein. Wir organisierten eine Tiefkühltruhe, die in dem Werkstattkeller ihren Platz fand. Im Hof hatten wir entsprechend aufgegraben und den Keller gegen Feuchtigkeit abgedichtet. Den Hof haben wir auch neugestaltet. Auf dem Dach habe ich dann zusätzliche Wärmedämmung eingebaut und Dachpappe mit Alueinlage verarbeitet, um für sehr lange Zeit ein dichtes Dach zu garantieren. Teilweise hat die Gebäudewirtschaft die Kosten für diese Arbeiten und das verwendete Material übernommen, aber wir haben auch viel privates Geld hineingesteckt – denn wir wollten ja nie wieder ausziehen und die Miete war ein Witz.

Scherben bringen Glück

Arbeitseinsatz am Sonnabend in unsrer Ausbauwohnung. Mein Schwager Jochen, Elektriker von Beruf, ist für die gesamte Elektrik verantwortlich. Dank seiner Arbeit im *Kraftwerk Schwarze Pumpe* haben wir kaum Materialprobleme. Herbert Richter ist Generaldirektor vom Gaskombinat Schwarze Pumpe und deshalb gibt es einen geflügelten Satz, wenn Jochen wieder einmal ein Materialproblem gelöst hat: „Herrn Richter sei Dank."

Marias große Schwester Barbara hat sich für diesen Tag vorgenommen, alle Scheiben der Fensterflügel auszubauen, die vom Tischler überarbeitet werden sollen. Bei insgesamt 16 Flügeln entfernt sie den Kitt, zieht die Nagelstifte und passt dabei auf, dass keine Scheibe kaputtgeht.

In der Küche sind Norbert und Uschi damit beschäftigt, den von mir stahlblau gestrichenen Ölsockel mit Riemchentapete zu bekleben. Die Familie hat nämlich beschlossen, stahlblauer Ölsockel geht gar nicht!

In dieser Woche ist die Kachelofenluftheizung zwischen Wohn- und Kinderzimmer fertig geworden. Sie heizt gleich zwei Räume, das Wohnzimmer und das Kinderzimmer. Im Wohnzimmer ist nur eine Kachelwand mit einem Luftgitter zu sehen. Gefeuert wird vom Kinderzimmer aus. Der Ofen selbst ist ein mit Schamotte ausgesetzter Stahlkörper, der im Innern des Ofens steht und nicht sichtbar ist. Die Luft um ihn herum erwärmt sich und strömt durch die Gitter in die Stube. Hat einen guten Wirkungsgrad und kann auch mit Braunkohlen-Hochtemperatur-Koks gefeuert werden. Bekommt man nur auf Bezugsschein zu kaufen, aber Dank des Herrn Richter ist das für uns nicht unmöglich. Im Schlafzimmer legen wir noch den Fußbodenbelag fertig aus und bringen die Scheuerleisten an. Dank der *PGH Fußbodenleger* konnte auch der Fußbodenbelag besorgt werden. Es ist ein Kunststoffbelag auf Filzunterlage in Holzoptik.

Tatsächlich hat Bärbel in mühevoller Kleinarbeit heute alle Scheiben ausgebaut, so dass wir die dann später in die reparierten Fensterflügel wieder einbauen können. Neue Stahlstifte und neuer Kitt und fertig, so lautet der Plan.

Maria, im vorletzten Monat schwanger, kommt am späten Nachmittag mit Kaffee und Kuchen. Sie geht durch die Wohnung und freut sich darüber, was alles wieder geschafft wurde. Im Wohnzimmer dann auf einmal ein knirschendes Geräusch – Maria seht auf einem Haufen Glasscherben. Bärbel hatte alle Scheiben flach auf den Boden gelegt, je ein Blatt Zeitungspapier zwischen die Scheiben und den Haufen mit Zeitung abgedeckt. Maria konnte also nicht sehen, was da lag. Nicht eine Scheibe hat überlebt unter Maria mit dem Kind. Die Arbeit von einem ganzen Tag war in Bruchteilen einer Sekunde zerstört.

Beim Beschaffen der neuen Scheiben konnte uns Herr Richter leider nicht helfen.

Da krächzt die Volkspolizei

In diesem Jahr hatten wir geheiratet, eine Wohnung ausgebaut und unser erstes Kind, Felix, war geboren. Nun stand unser erstes Weihnachten mit der eigenen Familie vor der Tür. Bisher hatten wir Weihnachten in unseren Familien gefeiert, Maria in ihrer, ich in meiner. Diesen Heiligen Abend wollten wir ganz bewusst zu Hause in unseren eigenen vier Wänden feiern, als neue Familie.

Zum Abendbrot hatten wir eine Tradition aus meiner Familie übernommen, es gab *Sonne im Schnee*. Man nehme eine Toastscheibe, streiche sie mit Butter ein, belege sie mit einer Scheibe Schinken, einer Scheibe Ananas und einer Scheibe Käse. Von einem Ei das Eigelb trennen, das Eiweiß zu Schnee schlagen und auf dem Käse verteilen. Dabei bildet man eine Mulde, in die das Eigelb gelegt wird. Nun nur noch den Backofen auf 220° C vorheizen und etwa zwölf Minuten überbacken, bis der Eischnee leichte Bräune annimmt. Nachdem wir Felix ins Bett gebracht hatten, begann der zweite Teil des Abends. Von unseren selbst gebackenen Plätzchen packten wir zwei Tüten und zogen los. Der erste Weg führte uns auf den Bahnhof in Cottbus. Die Straßen waren menschenleer und in den erleuchteten Fenstern der Wohnungen konnte man die geschmückten Tannenbäume sehen. Es wehte ein eisiger Wind und ganz leichter Schneefall sorgte dafür, dass die grauen Straßen langsam ein weißes Kleid bekamen.

Auf dem Bahnhof gingen wir auf einen Bahnsteig, wo der Bahnhofsvorsteher mit der Abfahrt eines Zuges beschäftigt war. Die erhobene grüne Kelle bedeutete freie Fahrt. Die Dampflok ließ einen kurzen Pfiff erschallen, Dampfwolken hüllten die Lok in weißen Nebel und der Zug setzte sich mit den wenigen Reisenden in Bewegung. Der Mann stand auf dem Bahnsteig und schaute dem Zug nach und wir gingen zu ihm. „Wollten Sie noch mit?", fragte er. „Nein", sagten wir, „wir wollen zu Ihnen." – „Zu mir?" – „Ja", sagten wir, „Sie müssen am Heiligen Abend Dienst machen und wir wollen Ihnen eine kleine Freude bereiten."

Wir überreichten ihm eine Tüte mit Plätzchen. Große Augen schauten uns an, ein Lächeln huschte über sein Gesicht. Er musterte die durchsichtige Tüte mit den bunten Plätzchen und bedankte sich mit den Worten, dass sie ihm schmecken werden und so etwas habe er noch nie erlebt.

Wir gingen wieder los, vom Bahnhof Richtung Mauerstraße. Dort war ein Revier der Deutschen Volkspolizei. Eigentlich war man froh, wenn man dort nicht hin musste. Aber wir gingen freiwillig schnellen Schrittes durch die Nacht. Der Schneefall wurde etwas stärker und wir hinterließen Spuren im Schnee.

In der Mauerstraße standen zwei Streifenwagen und ein Mannschafts-LKW vor der Dienststelle. Die Tür war verschlossen und wir mussten klingeln. Aus einem Lautsprecher in der Wand kam krächzend: „Volkspolizeirevier, wer da?" Wir sagten, dass wir einen Weihnachtsgruß bringen möchten. Aus der Wand krächzend: „Was heißt hier Weihnachtsgruß? Möchten Sie eine Anzeige aufgeben?" Das verneinten wir und wiederholten unser Anliegen. Krächzend aus der Wand: „Moment mal warten!"

Wir standen etwas hilflos vor der verschlossenen Tür, die Fenster waren erleuchtet und vergittert und so hoch, dass wir nicht hineinsehen konnten. Da öffnete sich eine Klappe in der Tür und ein Gesicht war zu erkennen. Mit Dienstmütze und es roch nach Zigarettenrauch. „Was wollen Sie hier?"

Wir brachten zum Ausdruck, dass Heiligabend ist, die Volkspolizei Dienst machen muss und wir ihr eine kleine Freude bereiten wollten. Wir hielten unsere Tüte mit den Plätzchen in Klappenhöhe. Das Gesicht mit der Dienstmütze verzog keine Miene. „Das darf ich nicht annehmen, gehen Sie nach Hause!" Die Stimme klang bestimmt. Wir versuchten es noch einmal, etwas zögerlicher, aber keine Regung. So machten wir kehrt.

Es hatte aufgehört zu schneien, der Wind blies kalt und scharf, es wurde ungemütlich! Leicht fröstelnd hakten wir uns unter und liefen schneller im Gleichschritt. Wir redeten nicht. Am Berliner Platz kam eine Straßenbahn, hielt an der Haltestelle. Dort blieb sie stehen, weil sie auf die Gegenbahn aus Schmellwitz warten musste. Wir kamen näher, die Bahn stand immer noch da. Wir schauten uns an, ohne etwas zu sagen liefen wir noch schneller, um an die erste Tür des Straßenbahnzuges zu gelangen.

Knopf drücken, die Tür öffnete sich und wir stiegen ein. Die Straßenbahnfahrerin beachtete uns nicht weiter. Wir klopften an die Tür vom Führerstand. Die Fahrerin machte auf und schaute uns fragend an. Die Tüte Plätzchen nach vorne haltend, sagten wir unser Sprüchlein auf. Die Frau freute sich sehr über unsere Kleinigkeit. Noch eine knappe Stunde Dienst habe sie und dann kommt Ablösung und sie kann nach Hause, wo dann noch Bescherung auf sie wartet. Die Plätzchen wird sie zusammen mit der ganzen Familie verkosten. „Eine gute Idee und herzlichen Dank."

Die Gegenbahn aus Schmellwitz fuhr quietschend über die Weiche, wir stiegen aus und die Bahn setzte sich in Bewegung. Die Frau winkte uns freundlich und verschwand aus unseren Blicken.

Bis nach Hause war es nun nicht mehr weit und wir hatten ein gutes Gefühl. Mit unseren Plätzchen hatten wir ein wenig Freude gemacht. Nur der Volkspolizist war anscheinend total überfordert mit unserer Plätzchentüte. Vielleicht hätten wir mit einer Schachtel Zigaretten mehr Erfolg gehabt? Egal, wir freuten uns auf unsere warme Stube mit geschmücktem Weihnachtsbaum und auf eine Flasche Rosenthaler Kadarka.

Wenn eine Gitarre Wassermusik spielt

Die Petersilienstraße 20 war ein zweistöckiges Haus mit zwei Wohneinheiten im Vorderhaus und zwei Wohneinheiten im Hinterhaus. Wir bewohnten die oberste Etage im Vorderhaus. Als der Mieter der oberen Etage im Hinterhaus ausgezogen war, konnten wir diese Etage noch zu unserer Wohnung dazu nehmen. Wir hatten nun fünf Zimmer und zwei Küchen.

Die Häuser der Petersilienstraße, der Karl-Marx-Straße und der Virchowstraße hatten alle einen gemeinsamen Hof, der aber durch Zäune und Mauern abgegrenzt war. In einem Sommer hatte sich eine Hausgemeinschaft aus der Virchowstraße mal wieder zum gemeinsamen Feiern im Hof entschlossen. Manchmal war das sehr nervig und einfach das Fenster zumachen konnten wir nicht, denn im Sommer heizte sich der Altbau sehr auf.

An diesem Abend hatte sich ein Gitarrenspieler unter die Menschen gesellt. Je später der Abend und je mehr Alkohol konsumiert wurde, umso lauter und falscher waren seine Darbietungen. Mehrfaches Brüllen „Ruhe da drüben!" brachte gar nichts.

Irgendwann ertrug ich es nicht mehr. Vom Fenster aus konnte ich nichts sehen. So stieg ich auf das Flachdach vom Hinterhaus um mir ein Bild zu machen. Eine Runde von etwa 15 angetrunkenen Menschen hatte sich im Hof versammelt mit entsprechendem Lärmpegel. Ein Eimer Wasser sollte der lärmenden Runde ein Ende bereiten, dachte ich. Also Wasser holen, wieder aufs Dach und mit Anlauf den Inhalt des Eimers auf die Reise schicken. Durch die weite Entfernung zerteilte sich das Wasser zu einem leichten Regen und kam auch gar nicht in die Nähe der Krawallbrüder. Die merkten gar nichts von meinem Einsatz! Es mussten also andere Mittel herangezogen werden. Wasserbomben müssten gehen. Runter in die Wohnung, Luftballons suchen. Mit Erfolg! So füllte ich zwei Luftballons mit Wasser, knotete die Öffnungen zu und trug sie im Wassereimer wieder auf das Dach.

Der Gitarrenspieler saß an einem Tisch auf einem Stuhl und spielte herzzerreißend. Das Singen war mehr ein Lallen

und ebenso furchtbar wie das Klimpern. Die erste Wasserbombe nahm ich vorsichtig aus dem Eimer, schätzte die Entfernung und schickte sie mit kräftigem Schwung auf die
Reise. Ich hatte wohl die Entfernung richtig eingeschätzt,
denn die Bombe schlug vor dem Gitarrenspieler auf der
Tischkante auf. Es spritzte hervorragend und die Menge war
so verdutzt, dass absolute Stille herrschte. Doch dann gingen
die Blicke an ihrer Hauswand nach oben und man suchte
den Verursacher. „Wo ist das Schwein?", hörte ich einen ru-
fen. Der Gitarrenspieler stand langsam auf und schüttete
Wasser aus dem Loch seiner Gitarre.

Meine Hoffnung, die werden jetzt Ruhe geben, erfüllte
sich nicht. Man schrie jetzt noch lauter und suchte das
„Schwein". Eine Wasserbombe hatte ich noch. Also konnte
ich weitere Verunsicherung stiften und tat das auch. Die
Wasserbombe klatschte zwar nur in den Hof, aber sie zeigte
Wirkung. Die ersten gingen ins Haus. Der Gitarrenspieler
war mit dem Trocknen seiner Gitarre beschäftigt.

Für mich war es jetzt höchste Zeit, das Dach zu verlassen,
denn die anderen Häuser waren höher als unseres, man
könnte vielleicht auf unser Dach schauen und mich ausfindig machen. So stieg ich wieder ab und in mein Bett. Schlafen konnte ich jetzt aber auch nicht, denn dazu war ich
noch viel zu aufgeregt.

Alles Familie

1977. 1977 war ein verrücktes Jahr! In dem Jahr wurde geheiratet, die Wohnung ausgebaut, die Meisterschule in Cottbus und Berlin absolviert, Fahrerlaubnis für LKW und Motorrad gemacht, die Wohnung bezogen und Felix wurde geboren. Die Wohnung musste eingerichtet werden, dafür half wieder die Familie mit Möbelstücken und auch bei Wohnungsauflösungen konnten wir so manches ergattern.

Die DDR-Oberen meinten es gut mit und spendierten seit 1972 Jungvermählten einen Ehekredit: 5.000 Mark. Hatten wir nichts dagegen. Nach dem ersten und zweiten Kind wurden jeweils 1.000 Mark erlassen und ab dem dritten Kind brauchte man nichts mehr zurückzahlen. Das half uns natürlich enorm, um Möbel und andere nützliche Haushaltsgegenstände zu kaufen, obwohl die Beschaffung nicht ganz ohne Probleme gewesen ist in der wohlbekannten Mangelwirtschaft.

Doch der Ehekredit war nicht alles, womit der Staat um Nachwuchs warb. Seit 1976 konnten Mütter nach dem ersten Kind sechs Monate zu Hause bleiben, finanziell abgesichert mit 80 Prozent Lohnfortzahlung. Nach der Geburt jedes weiteren Kindes verdoppelte sich die Auszeit auf zwölf Monate. Gleichzeitig wurde der Mutter die Rückkehr an ihren Arbeitsplatz garantiert. Und nicht zu vergessen: Ab 1972 begrüßten die Genossen jedes Neugeborene mit einem hübschen Sümmchen: Die Eltern bekamen 1.000 Mark für das erste und bis zu 2.500 Mark für jedes weitere Kind. An die Auszahlung des Geldes waren allerdings einige Bedingungen geknüpft, wie regelmäßige Schwangerschaftsuntersuchungen sowie ein Besuch beim Zahnarzt während der neun Monate Schwangerschaft.

Marias Eltern stammen beide aus Neustadt in Oberschlesien, jetzt Volksrepublik Polen. Vater Klink ist 63 und Mutter Klink ist 59 Jahre alt, als wir den Vorschlag machen, zusammen mit ihnen eine Reise in die Vergangenheit zu unternehmen. Maria fragte ihren Chef, ob wir seinen Dienstwagen dafür nutzen können, denn er war zur selben Zeit im Urlaub wie wir und brauchte seinen *Wartburg* nicht.

Dieser Wartburg war ein *Genex*-Auto, nagelneu, mit Rollgurten und einigen Extras. Über die Genex-Geschenkdienst GmbH hatten Bundesbürger eine Möglichkeit, Dinge an DDR-Bürger zu verschenken und mit D-Mark zu bezahlen. Das Absurde dabei: Die Waren im Katalog stammten zu etwa neunzig Prozent aus DDR-Produktion. Die sonst in der DDR üblichen Wartezeiten von vielen Jahren für Konsumgüter wie Möbel, Kosmetik, Kleidung, Werkzeug, HiFi-Anlagen, Motorräder, Autos, Campingwagen und sogar ganze Fertigteilhäuser hebelte die Genex locker aus. Genex war eine der wichtigsten Devisenquellen der DDR. Über Genex war es auch möglich, dass die Kirchen in der DDR von westlichen Kirchgemeinden und Organisationen Unterstützung bekamen. Autos zum Beispiel, für die sie gar nicht das Geld gehabt hätten, selbst wenn es das Problem mit den Wartezeiten nicht gegeben hätte.

Nun also ab in den Urlaub mit dem Wartburg. Mir machte es Spaß, so ein Auto zu fahren, denn bis dahin hatte ich nur alte Autos fahren können, die meisten älter als zehn Jahre. Es war kein schönes Wetter, genauer: Es regnete in Strömen. Irgendwo in Polen – wir fuhren in Kolonne – wurden wir von einem *Polski Fiat* überholt. Auf unserer Höhe kam das Auto plötzlich ins Schleudern und riss uns mit von der Straße, eine Böschung hinab, fünfzig Meter auf ein Feld. Es ging alles sehr schnell und als ich halbwegs begriff, was passiert war, sah ich den Fiat vor uns auf der Seite liegen, starke Qualmwolken kamen aus dem Motorraum.

„Alles raus hier!", war meine Reaktion. Väterchen, so wurde Vater Klink von seiner Familie liebevoll genannt, war als erster draußen und öffnete seiner Frau die Tür. Bei unserem ersten Halt hatte ich ihm noch zeigen müssen, wie so ein Automatik-Gurt zu bedienen ist. Maria zögerte, sie hatte die Schuhe ausgezogen und auf dem Feld war es sehr schlammig. Nun waren aber alle draußen.

Aus sicherem Abstand beobachteten wir, was mit dem Fiat passieren würde. Auf einmal kam aus der Heckscheibe der Fahrer herausgeklettert und lächelte. In mir kam Wut auf. Was lacht der Kerl, dachte ich bei mir, er hat schließlich mit seinem riskanten Verhalten die ganze Situation zu verantworten. Da, plötzlich hörte ich ein Wimmern. Es kam aus Richtung Fiat. Vorsichtig ging ich zum Fiat und bemerkte eine Frau hinter dem Auto, im Schlamm sitzend hielt sie zitternd die Hände vor das blutverschmierte Gesicht.

Ich half ihr aufzustehen und wir gingen zu unserem Auto. Weil sie so zitterte, legten wir ihr eine Decke um und setzten sie auf den Beifahrersitz vom Wartburg. Mit Mullbinden aus unserem Verbandskasten tupfte ich ihr das Blut vom Gesicht, um zu schauen, wo die Verletzung war. Sie hatte sich die Schneidezähne ausgeschlagen, da kam die starke Blutung her.

In der Zwischenzeit waren Polizei und Krankenwagen eingetroffen. Ein Autofahrer, der die Unfallstelle passierte, hatte CB-Funk an Bord und über seine Firma ging die

Alarmierung dann sehr schnell. Die Polizei fragte nach den Fahrern, nahm den Polen und mich mit in eine Ambulanz für eine Blutentnahme zur Alkoholkontrolle.

Als wir zurückkamen, stand Väterchen auf dem Acker und lachte. Auch das noch, dachte ich, jetzt hat der auch noch einen Schock. „Was lachst du so?", fragte ich. „Als die Miliz euch mitgenommen hat", sagte er, „blieb einer von denen bei uns. Er hat aus einer Papiertüte eine Streuselschnecke genommen und die aufgegessen. Danach kam er zu uns und wir mussten ihm unsere Personalausweise geben. Er schaute immer wieder in unsere Ausweise und machte Notizen auf seine Tüte. Dann gab er uns die Ausweise wieder zurück." Ja, das war dann doch durchaus zum Lachen, Väterchen hatte also kein Schock.

Mit dem kaputten Auto konnten wir noch verhalten fahren, aber vernünftigerweise nur noch nach Hause. Aus der Fahrt in die Vergangenheit wurde nichts.

Zu Hause stellte ich das Auto in die Garage von Marias Chef, er war ja noch im Urlaub. Als er zurück war, fuhr ich gleich zu ihm mit absolut schlechtem Gewissen. Wusste ich doch, wie schwierig es war, Reparaturen am Auto ausführen zu lassen. Aber als der Chef die Wohnungstür öffnete, lachte er mich an und bat mich rein. Da merkte ich: Er war noch nicht in seiner Garage gewesen, er wusste von allem noch nichts. Nachdem ich alles erzählt hatte, gingen wir zusammen in seine Garage und ich hätte im Erdboden versinken wollen. Es sei alles nicht so schlimm, meinte der Chef, Hauptsache sei, uns ist nichts passiert.

Ich fühlte mich so hilflos, hätte er uns nicht sein Auto zur Verfügung gestellt, wäre das alles nicht passiert. Und jetzt konnte ich ihm noch nicht einmal helfen bei der

Reparatur. Über eines war ich aber besonders froh: Als ich die Auslands-Haftpflicht-Versicherung für das Auto abgeschlossen hatte, stand da auf dem Tresen eine Reklame für eine Auslands-Kasko-Versicherung. Auf meine Frage, was so etwas kostet, meinte die Dame: „Zehn Mark." Das erschien mir günstig und ich schloss diese Versicherung mit ab. Das war nun ein großes Glück: Die Kasko-Versicherung bezahlte alle Reparaturkosten und holte sich dann ihr Geld von der polnischen Haftpflichtversicherung. So hatten wir eine Sorge weniger.

DIE PATENTANTE. Maria war damals bei der Jugendseelsorge als Jugendreferentin beschäftigt. Da wir aber unsere Kinder nicht in eine Kinderkrippe geben wollten, hat Maria tatsächlich nicht viel bei der Jugendseelsorge gearbeitet. Durch die Jugendarbeit hatte Maria Gisela kennengelernt. Gisela kam aus der BRD, mit der Diözese Speyer nahm sie an einem illegalen Jugendaustausch teil. Die beiden Frauen freundeten sich an. Gisela war nicht verheiratet, hatte keine Kinder, war aber Kindern sehr zugetan. Ihrer Schwester Renate half sie bei der Kinderbetreuung, wo sie nur konnte.

Wir standen mit Gisela in Briefkontakt und als dann Tobias geboren wurde, fragten wir sie, ob sie die Taufpatin werden wollte. Das übernahm sie gerne und von da an kam Gisela mindestens einmal im Jahr zu uns zu Besuch. Sie war mehrfach eine große Unterstützung. Stricken war ihre Leidenschaft und so hatten unsere Kinder immer etwas von Tante Gisela zum Anziehen.

Maria bekam einen kleinen Teil ihres Gehaltes in D-Mark und dieses Geld konnte Gisela im Westen viel günstiger ausgeben als wir im *Intershop*, der berüchtigten Einkaufsquelle der DDR, wo du mit harter Währung und Forumschecks einkaufen konntest, nicht aber mit Mark der DDR. Außerdem wollten wir doch nicht mit unserem Westgeld die DDR unterstützen.

Durch Gisela bekamen wir auch Kenntnis, wie es wirklich war im Westen. Der war eben nicht nur eitel Sonnenschein, sondern harte Arbeit, die zwar gut bezahlt wurde, aber nicht so sicher war. Arbeitslosigkeit kannten wir in der DDR nicht! So bekamen wir ein realeres Bild vom Westen, aber er erschien uns doch besser als die DDR, vor allem der persönlichen Freiheit wegen, die in der DDR stark eingeschränkt war.

Wenn sie zu Besuch war, fuhren wir gemeinsam mit Gisela durch die DDR, waren in Dresden, Leipzig, Berlin, dem Elbsandsteingebirge und an vielen Orten mehr. Gisela sah, wie wir unser Geld verdienten, sah die Mangelwirtschaft und bekam so ein reales Bild von der DDR.

OSTSEE, KINDER UND MEHR. Im September 1978 sind wir dann das erste Mal an die Ostsee in den Urlaub gefahren. Der P70 wurde wie folgt geladen: Auf den Rücksitz kam das Kinderwagenoberteil mit Felix drinnen. Also mussten vorher alle Gepäckstücke in den Kofferraum verbracht werden, denn der P70 hatte ja außen bekanntlich keine Kofferraumklappe. Auf den Dachgepäckträger kamen das Kinderwagen-Fahrgestell, das Laufgitter und das Kinderstühlchen.

Regelmäßig wurden wir auf der Autobahn von West-LKW überholt, denn 80 km/h war unsere Höchstgeschwindigkeit. Aber wir landeten wohlbehalten auf dem Campingplatz in Groß Stresow auf der Insel Rügen. Dort hatte die PGH einen ausgebauten Wohnwagen als Ferieneinrichtung stehen. Es fehlte uns an nichts. Es gab einen Schlafbereich mit zwei Doppelstockbetten, eine Kabine mit Waschbecken, eine Küche mit Kochgelegenheit und Kühlschrank, alles im zweiachsigen Wohnwagen untergebracht. Ein seitlicher Anbau, ebenso groß wie der Wohnwagen, war zur Hälfte das Wohnzimmer und die andere Hälfte eine überdachte Terrasse. Das Wohnzimmer war ausgestattet mit einer Doppelbettcouch, Tisch, zwei Sesseln und einem Fernseher. Die Inneneinrichtung zu beschaffen war nicht einfach gewesen. Nicht nur, weil die Mangelwirtschaft nicht immer alles vorrätig hatte, nein. Unseren gewünschten Einkauf hätten wir beim Rat des Kreises oder Rat des Bezirkes extra beantragen müssen. Es gab dort ein sogenanntes Versorgungskontor, das Konsumgüter für Firmen vorzuhalten hatte. Für die glücklichen Besitzer einer entsprechenden Bezugsbescheinigung war also alles in bester Ordnung. Damit durfte man zum Beispiel einen Fernseher erwerben und als Kosten in der Firma abrechnen. Ohne Genehmigung wurden die Kosten nicht anerkannt und flogen bei entsprechender Prüfung raus.

Da der DDR-Bürger aber für alles eine Lösung fand, gab es natürlich eine Möglichkeit, das zu umgehen. Die Ausstattung, die wir im Wohnwagen benötigten, wurde Stück für Stück privat im Handel gekauft, wenn sie denn vorrätig war, und nach einer Weile an die PGH verkauft. Das war möglich – die PGH durfte gebrauchte Güter von privat kaufen, die dann als Kosten anerkannt wurden. Im Wohnwagen prangten also alles *gebrauchte* Gegenstände. Es dauerte ein wenig länger und musste organisiert werden, aber es ging.

Es war ein herrlicher Urlaub, nur die Versorgung mit Lebensmitteln war etwas problematisch. Man musste schon einige Zeit damit verbringen, das Nötigste zu organisieren, langes Anstehen gehörte einfach dazu.

Groß Stresow liegt am Greifswalder Bodden, das Baden war da nicht so aufregend und so machten wir einige Ausflüge. Einmal auf die Insel Hiddensee. Dazu wurden die Klappfahrräder auf den Dachgepäckträger geladen und wir fuhren nach Schaprode, um von dort aus mit der Fähre nach Vitte auf Hiddensee zu gelangen. Von der Westtante Gisela hatten wir ein Rücken-Tragegestell für Felix, so dass Rad fahren kein Problem war.

Einen ganzen Tag lang erkundeten wir Hiddensee, hatten wunderschöne Stunden und wollten mit der letzten Fähre wieder zurück. Die Fährleute wollten aber keine Fahrräder mitnehmen, sie hätten keinen Platz dafür. Ich hatte meine liebe Not, die Fahrräder doch noch auf das Schiff zu bekommen.

Unser Felix war im Cottbuser Krankenhaus geboren worden, aber wir waren nicht zufrieden mit den dortigen Umständen. Als im November 1978 unser zweites Kind im Anmarsch war, entschieden wir uns für das *Wilke Stift* in Guben. Dessen Entbindungsstation hatte einen wesentlich besseren Ruf als das Cottbuser Krankenhaus.

Maria war also nur kurzzeitig zwischen Ende der Felix-Zeit und Beginn des neuen Mutterschutzes arbeiten. In der Wohnung war das Gröbste gemacht und so hatte ich wieder Zeit, der Arbeit nach Feierabend nachzugehen, denn der Bedarf an Arbeitskraft war ungebrochen und wir konnten Geld gebrauchen, unser *P70* zum Beispiel hatte das Zeitliche gesegnet, es war einfach nur noch unwirtschaftlich gewesen, Geld in dieses alte Auto zu stecken. So sparten wir auf ein neues altes Auto, woher auch immer.

Raphaela wurde 1979 als unser drittes Kind geboren, ebenfalls in Guben. Neben unserer immer größer werdenden eigenen Familie hatten wir noch den Familienkreis. Das waren Freundschaften aus der Jugend, die ebenfalls dabei waren, ihre Familien zu gründen. Wir hatten also mehr oder weniger ähnliche Probleme zu bewältigen und konnten uns entsprechend gut gegenseitig unterstützen.

Für den 1. Mai war es Tradition geworden, nach Dresden zu Dieter zu fahren. Ich hatte Dieter bei der Armee kennengelernt. Er war einige Jahre älter als ich und als Reservist eingezogen. Unsere Freundschaft überdauerte die Armeezeit. Dann heiratete er und sie bekamen zwei Kinder und so passten wir ganz gut zusammen. Der Ausflug zum Dieter hatte zwangsläufig zur Folge, dass wir für den Aufzug zum 1. Mai nicht zu Hause waren.

Unser Urlaub 1982 führte uns wieder an die Ostsee, aber dieses Mal im Mai auf die Insel Poel. Da wir kein Auto mehr hatten, war die Anreise mit der Bahn etwas beschwerlich. Das fing schon in Cottbus an, wir hatten uns mit dem Weg zum Bahnhof verschätzt und wenn der Stationsvorsteher nicht noch mit der Abfahrt gewartet hätte, wäre der Zug weg gewesen.

In Potsdam umsteigen und dann direkt bis nach Wismar. In Wismar leisteten wir uns eine Taxe, die uns zum Campingplatz brachte. Der Wohnwagen der PGH war umgezogen. Auf der Insel Poel hatte er einen Standplatz auf dem Campingplatz in Timmendorf, direkt hinter der Düne, am FKK-Strand. Bei klarem Wetter konnte man den Fernsehturm in Neustadt (Schleswig-Holstein) sehen und so klar wie dieser Turm in Neustadt war dann auch unser Fernsehbild vom Westfernsehen im Wohnwagen, es war sogar glasklar und das in bunt –es war ein Farbfernseher. Es war ein sehr schöner Urlaub!

Die fünfte Jahreszeit – im Westen gab's den Karneval und Fasching und auch im Osten etablierten sich nach und nach Faschingsclubs und Elferräte unter dem Mantel der staatlichen Jugendclubs. In vorherigen Jahren war Fasching nur ein Thema in Kirchenkreisen gewesen oder gleich komplett privater Natur. Wenn wir im Gemeindehaus Fasching feierten, dann zogen wir die Vorhänge zu und gaben acht, dass nichts nach außen drang. Im Familienkreis feierten wir jedes Jahr und weil bei uns in der Petersilienstraße viel Platz war, oftmals bei uns.

1983 feierten wir dann auch mal sehr ausgelassen Fasching in der PGH Bedachung, mit denen, die Spaß daran hatten. Mein Bruder Bernhard und ich dachten uns etwas ganz Besonderes aus. Zu Beginn der Feier machten wir ein Gruppenfoto. Bernhard entwickelte die Fotos und noch bevor die Party zu Ende war, hielt jeder das Gruppenfoto in seinen Händen. Absolute Überraschung, weil man sonst wochenlang auf seine Fotos warten musste. Bei Farbfotos war es besonders krass. Hatte man im Sommerurlaub Fotos aufgenommen, konnte man froh sein, die um Weihnachten herum anschauen zu können. Außerdem war die Qualität nicht besonders, die Fotos waren meist blau- oder rotstichig und außerdem noch sündhaft teuer. Nina Hagens Song von 1974 *Du hast den Farbfilm* vergessen war sicher auch als Parodie zu verstehen.

Irgendwann im Jahr 1983 kauften wir uns einen *Skoda 100*, zehn Jahre alt. An den Kotflügeln war er durchgerostet, aber motormäßig gut in Schuss. Unser Autoschlosser aus der PGH hatte den Kauf vermittelt und er betrieb eine kleine private Werkstatt in seiner Garage. Zu ihm konnte ich gehen, wenn ich Probleme hatte. Aber für die generelle Instandsetzung musste ich mir eine Karosseriewerkstatt suchen. Als Handwerker war das lösbar, aber ich musste selbst die Karosserieteile besorgen. Auf allen möglichen und unmöglichen Wegen gelang mir das und so konnten die Arbeiten ausgeführt werden. Als die Karosserie instandgesetzt war, wurde das Auto, wie der P70 vorher, in Biberbraun und Samtocker lackiert. Durch Jochen gab es die Verbindung zum Farbenlieferanten und im Bekanntenkreis hatte ich einen Lackierer.

Raphaela als drittes Kind hatte es immer schwer. Sie wollte alles, was die Jungs machten, ebenfalls vollbringen und holte sich oftmals eine blutige Nase. Wir wollten noch ein viertes Kind, um es für Raphaela leichter werden zu lassen, aber das sollte so schnell nicht klappen. Elisabeth, unser viertes Kind, ließ lange auf sich warten. Am 28. Juni 1983 war es dann so weit, Elisabeth war geboren. Als Maria im Krankenhaus lag, bin ich zu Norbert und Uschi nach Madlow mit unseren Kindern. Am ersten Sonntag im Juli war *Tag des Bergmanns* und in Cottbus Süd brannte am Vorabend die Luft. Am Morgen hatten wir alle einen dicken Kopf vom Apfelwein. Ich musste an besagtem Sonntag zur Telefonzelle gehen und im Krankenhaus anrufen – Maria sollte eventuell aus dem Krankenhaus entlassen werden. Mit einem Kind auf der Schulter und einem dicken Kopp lief ich zur Telefonzelle. Die nächste war in der Leninallee, heute Gelsenkirchener Platz. Als man Maria ans Telefon geholt hatte, hörte ich ihre traurige Stimme, sie könne noch nicht entlassen werden. Kann man nichts machen, war mein Kommentar, und ich schleppte mich erleichtert zurück auf meine

Liege im Schatten des Apfelbaumes und pflegte mich. Keiner von uns hätte Maria mit Elisabeth abholen können, wir waren fahruntauglich wegen Restalkohol!

Nach Weihnachten 1983 machten wir vierzehn Tage Urlaub in Wilthen im Jagdhaus auf dem Mönchswalder Berg. Unser Pfarrer verfügte über die Belegung. Ofenheizung und Plumpsklo, das ist die Luxusausstattung. Als wir angekommen waren, musste ich als erstes durchheizen und wir gingen so lange spazieren, bis die Temperaturen im Zimmer einige Grad wärmer waren. Wir hatten etwas Schnee und konnten mit den Kindern Schlitten fahren. Weil Elisabeth noch so klein war, wurde sie schön eingemummelt in ihr Bettchen gelegt und bei offenem Fenster hatte sie frische Luft und konnte in dieser Zeit gut schlafen. Silvester feierten wir bei Wilkowskis in Görlitz an der Landeskrone.

Im Mai 1984 machten wir wieder Urlaub auf der Insel Poel. Felix und Tobias waren in dieser Zeit zur Erholung im St. Otto Stift in Zinnowitz, einem Caritasheim der katholischen Kirche. Schönes Wetter war in diesem Mai ganz selten. Mit unserem Skoda und nur zwei Kindern konnten wir aber schöne Touren unternehmen und die Ostseeküste besser kennenlernen.

Im September wird unser Felix eingeschult. Am Nachmittag machten wir einen Spaziergang im Cottbuser Tierpark. Jetzt hatten wir die Grundsatzentscheidung zu treffen, ob unsere Kinder zu den Pionieren gehen sollen. Wir entschieden uns bewusst dagegen.

Felix' Lehrerin war ganz auf Parteilinie und so verpasste sie keine Gelegenheit, um Felix zu diskriminieren. Im Winter war die ganze Klasse in der Puschkinpromenade rodeln. Felix war der erste, der den Berg runterfuhr, denn er kannte

den Berg schon. Fürs Rodeln bekamen alle das Pioniersport-
abzeichen, nur Felix nicht. Die Lehrerin sagte dazu vor der
ganzen Klasse, dass es ihr sehr leidtue, aber dem Felix, der
eigentlich am mutigsten war, dem könne sie das Abzeichen
nicht geben, weil er leider kein Pionier ist.

Der Junge kam natürlich tieftraurig nach Hause. Dann
bekommt er eben von mir eine Auszeichnung, legte ich fest.
Wir gingen denselben Abend in die *Mokka-Milch-Eisbar*
und er durfte sich einen ganz großen Eisbecher bestellen
und das mitten im Winter! Seine Augen leuchteten und ich
fragte ihn, was nun die größere Auszeichnung ist, das Pio-
nierabzeichen oder der Eisbecher. Der Eisbecher hat selbstverständlich gewonnen.

Mein Bruder Uli heiratet in Görlitz und ich übernehme
das Fotografieren. Wir feiern gegenüber vom Rathaus. In
dem Raum hängt ein Honecker-Bild an der Wand. Uli nimmt
den freundlich dreinschauenden Staatsratsvorsitzenden der
DDR und Ersten Sekretär des Zentralkomitees der SED vom
Haken ab und meint: „Der ist nicht eingeladen."

Wir hatten lustige Spiele im Gepäck und es war kurzwei-
lig. Übernachtet haben wir bei Wilkowskis an der Landeskrone. Für nach der Feier war ein Fahrdienst eingerichtet.
Die letzte Fuhre brachte mich zur Landeskrone. Dort angekommen, fragt mich Maria, wo ich den Fotoapparat hätte.
Der war nicht mehr da! Mir fiel ein, den hatte ich auf einer
Mülltonne abgestellt und dann wohl vergessen, als wir abgeholt wurden. Wir fuhren sofort zurück, aber die Tasche mit
dem Fotoapparat und den Objektiven war nicht mehr aufzu-
finden. Das war einfach nur furchtbar! Der Fotoapparat, eine
Spiegelreflexkamera von *Carl Zeiss Jena*, war teuer und
kaum zu ersetzen, aber das Wichtigste: Die Fotos waren für

immer weg und man hatte sich doch auf mich verlassen. Welch eine Blamage!

Als erstes ging ich zur Polizei, aber was sollte die machen? Dann sind wir in Görlitz in jedes Fotogeschäft und in jede Drogerie gegangen und haben unsere Geschichte erzählt und die Kamera genau beschrieben. Vielleicht versuchte jemand, sie zu verkaufen.

Zuhause kam ich auf die Idee, eine Anzeige in der *Sächsischen Zeitung* zu schalten mit ordentlichem Finderlohn. Tatsächlich meldete sich ein Mann, der die Tasche gefunden hatte. Sofort fuhr ich nach Görlitz, ja es war meine Kamera und was noch viel wichtiger war: Der Film war noch drinnen. Der Mann bekam seinen Finderlohn und so konnte ich nach Hause fahren, den Film entwickeln und die Fotos anfertigen. Ich war glücklich, dass dieses Abenteuer einen guten Ausgang gefunden hatte.

Fass einem nackten Mann in die Tasche

Die Ferienplätze im betriebseigenen Wohnwagen auf der Insel Poel waren sehr begehrt und man bekam nicht jedes Jahr einen Platz in der Zeit der Schulferien. Die Schulferien in der DDR begannen immer Anfang Juli und dauerten acht Wochen. Das war in allen Bezirken der Republik gleich. Aber in der Zeit davor und danach waren oft Plätze frei, denn die meisten Mitarbeiter hatten schulpflichtige Kinder.

So konnten Maria und ich mit unseren nicht schulpflichtigen Kindern mehrmals auf die Insel Poel fahren. Im Mai – in der Vorsaison, die Natur blüht auf, die Tage werden länger, es waren die schönsten Ferien! An unserem Dünenaufgang begann der FKK-Strand (Freikörperkultur). So holten wir gleich unsere Strandkörbe vom Textilstrand auf den FKK-Strand. Bei schönem Wetter hielten wir uns da auf. Mit den Fahrrädern erkundeten wir die Insel zwischen blühenden Rapsfeldern und Pferdekoppeln. Kindersitze für die Fahrräder, die im Wohnwagen bereitstanden, hatten wir mitgenommen.

Es war an unserem letzten Urlaubstag eines sehr erholsamen und schönen Urlaubs. Maria schickte mich etwas einzukaufen und rief mir hinterher: „Bring noch eine Flasche Wein mit für den Abend!" Etwas abseits vom Zeltplatz war der *Dorfkonsum*, eine Holzbaracke. Früh morgens musste man immer anstehen, wenn es frische Brötchen gab. Als ich den *Konsum* betrat, war nicht viel los. Die paar Artikel, die ich holen sollte, waren schnell gefunden und landeten in meinem Korb.

Wo steht denn hier der Wein? In den Regalen gab es oft leere Flächen, die Artikel waren ausverkauft und kamen vielleicht mit der nächsten Lieferung wieder mit. Ich konnte einfach keinen Wein entdecken.

Ich fragte eine Verkäuferin: „Haben Sie Wein?" Sie zeigte in eine Richtung und sagte: „Nur den da!" Am Regal angekommen, standen dort drei Flaschen Wermutwein. Sonst nichts! Jetzt hatte ich die Wahl: kaufen oder nicht kaufen. Da sah ich im Gemüseregal Zitronen liegen. Ich entschied mich fürs Kaufen und eine Zitrone dazu. Die Weinflasche kam in den Kühlschrank, Wermut trinkt man gekühlt und am besten mit Zitronensaft.

Als die Kinder in den Betten waren, gingen wir nochmal an den Strand und wollten den letzten Sonnenuntergang in diesem Urlaub genießen. Klamotten runter und ab ins Wasser. Etwas weiter draußen war eine Sandbank und dort

saßen wir im flachen Wasser und genossen den Sonnenuntergang.

Am Strand tat sich etwas. Zwei Genossen der Grenztruppen,
jeweils mit einer Kalaschnikow bewaffnet, kamen langsam
den Strand entlanggelaufen, blieben auf unserer Höhe stehen und guckten zu uns rüber. Einer von den Genossen richtete sein Fernglas auf uns.

Die Sonne war schon längst untergegangen, uns wurde
kalt, die Genossen standen immer noch an derselben Stelle.
Solange sie da standen, wollten wir nicht raus, wir hatten
nichts an. Ich bin dann allein an den Strand und wurde von
den Genossen begrüßt. „Guten Abend, wissen Sie nicht, dass
nach Sonnenuntergang das Baden im Grenzgebiet verboten
ist? Zeigen Sie bitte Ihren Ausweis!" – „Als wir ins Wasser
gegangen sind, war die Sonne noch da", antwortete ich. Und
wegen dem Ausweis konnte ich nur antworten: „Dann fassen Sie mal einem nackten Mann in die Tasche!" Der Genosse verzog keine Miene und deutete auf unsere Sachen,
die im Standkorb lagen. „Sie glauben doch nicht etwa, dass
wir Wertsachen oder unsere Dokumente unbeaufsichtigt hier
liegen lassen. Wenn Sie die Ausweise sehen wollen, müssen
Sie wohl zum Wohnwagen mitkommen, dann können wir
Ihnen unsere Ausweise zeigen." Ich gab Maria ein Zeichen,
dass sie rauskommen sollte.

Die Genossen wichen nicht von unserer Seite. Unter Be-
wachung zogen wir uns an und gingen gemeinsam zum Dü-
nenübergang. Dort stand ein Holzmast, den ich zuvor nie
beachtet hatte. Ein Genosse ging zu dem Mast, stöpselte einen Telefonhörer in eine Anschlussbuchse und meldete, dass
die Personen aus dem Wasser raus seien. Am Wohnwagen
konnten wir dann unsere Ausweise zeigen und die Genossen

verabschiedeten sich. Gut so, Genossen! Seid wachsam! Von der Insel Poel zur östlichsten Küste von Westdeutschland waren es 30 km Luftlinie. Da muss man schon richtig gut aufpassen, wenn zwei Personen nach Sonnenuntergang im Wasser sind. Als nächstes öffneten wir unseren Wermut. Mit Zitrone und schön gekühlt schmeckte er gar nicht so schlecht. Zu später Stunde, es war schon richtig dunkel, hörten wir einen LKW. Vorsichtig schauten wir aus der Tür. Es war ein LKW der NVA und Soldaten stiegen ab. Sie liefen rum, als ob sie was suchten. Vom Wermut berauscht riefen wir „Kuckuck" und verschlossen die Tür. Im Wohnwagen war alles dunkel. Die Soldaten kamen näher und gingen wieder weg. Das Spiel trieben wir noch eine Weile. Sie haben uns aber nicht ausfindig machen können.

Zeitiges Aufstehen war angesagt, um rechtzeitig nach Wismar zu kommen und den Zug zu erreichen. Wir hatten einen dicken Kopf vom Wermut. Die Bahnfahrt war anstrengend. In Potsdam hatten wir Aufenthalt, aber das viele Gepäck wollten wir nicht rumschleppen, zumal der Zug nach Cottbus vom selben Bahnsteig weiterfuhr. So blieb ich oder Maria bei den Koffern und die anderen versuchten, etwas zu trinken zu bekommen, es war sehr heiß.

Der sogenannte Mumienexpress fuhr ein und wir stiegen zu. Mumienexpress nannten wir die Interzonenzüge, also die Züge, mit denen man in den Westen fuhr oder aus dem Westen kam, weil in der Regel nur Rentner aus der DDR so eine Reise unternehmen konnten. Unsere Kinder rannten durch den Zug und auf einmal hatte jedes Kind eine Banane in der Hand. Die netten Omas waren dafür verantwortlich. Uns Großen lief das Wasser im Mund zusammen, aber unseren Kindern ging es gut. Wenn uns die Grenzer nicht aufgehalten hätten – vielleicht wären wir an unserem letzten Abend noch in das Land der Bananen geschwommen?

Der Weg zur eigenen Firma

DAS INSERAT. Neben meiner Arbeit in der PGH scharte ich einige Mitarbeiter um mich und wir arbeiteten nach Feierabend in die private Tasche. Ohne die sogenannte Schwarzarbeit geht in der DDR nicht viel. Hausbesitzer können fast nur mit Schwarzarbeit Reparaturen an ihren Häusern machen lassen. Sie bekommen keinen Bilanzanteil und ohne den ist eine offizielle Arbeit einer Firma fast unmöglich. Deshalb arbeiten wir zwei- bis dreimal mal in der Woche nach Feierabend und an den Sonnabenden auf dem Schwarzbau. Damit verdienen wir gutes Geld. In der Regel liegt der Stundensatz zwischen acht und zwölf Mark. Dieses Geld ist unversteuert! Ich mache das aus zwei Gründen: Maria verdient nicht viel und meinen Traum von der Selbstständigkeit habe ich noch nicht aufgegeben. So trainiere ich schon mal, in Eigenverantwortung zu arbeiten.

Nachdem Raphaela geboren ist, beklagt Maria, dass sie mit allem zu Hause allein ist, weil ich immer nach Feierabend arbeiten bin. Es kommt zum Streit und ich gebe zu bedenken, wenn wir eines Tages selbstständig sind, dann ist das unsere Existenz und nicht nur ein Zubrot! Nach langer Diskussion einigen wir uns, den Gedanken der Selbstständigkeit fallen zu lassen und die Schwarzarbeit etwas runterzufahren, jedenfalls solange die Kinder klein sind.

Maria bekommt eine prophylaktische Kur in Sellin. Felix, Tobias und Raphaela teilen wir in der Verwandtschaft auf und für Elisabeth finden wir eine Kinderfrau. Tagsüber ist sie bei ihr und nach Feierabend hole ich Elisabeth ab. So bin ich an zu Hause gebunden. Ich lese in der Handwerkerzeitung *Das neue Handwerk*. In einer Anzeige entdecke ich: *Dachdeckerfirma in einer sächsischen Kreisstadt sucht einen Nachfolger.* Ich hatte schon oftmals vergebens auf solche Anzeigen geschrieben. Dabei war ich ehrlich und habe jedes Mal mitgeteilt, dass meine Geldmittel sehr begrenzt sind, aber man kann über alles reden. Wo ein Wille ist, ist ein Weg! Nie habe ich eine Antwort erhalten.

Ich holte meine Schreibmaschine hervor und schrieb den bekannten Brief. Wird sowieso nichts, war mein Gedanke, als ich den Brief in den Briefkasten steckte. Einige Tage später kam eine Postkarte aus Grimma mit einer Telefonnummer und der Bitte um Rückruf wegen Terminvereinbarung für ein unverbindliches Vorstellungsgespräch.

Maria war zur Kur. Wir hatten vereinbart, keine Aktionen mehr in Richtung Selbstständigkeit. Und nun das! Ich musste erst mit Maria reden. Also schrieb ich, dass ich aus persönlichen Gründen keinen Termin nennen könne, ich würde mich später melden.

Maria kommt aus der Kur und wir haben am Abend ein Gemeindefest in Sielow. Eigentlich darf die Kirche kein Gemeindefest veranstalten. Sie darf nur den Glauben verkünden und das allein im Kirchenraum, so wird es im Sozialismus gesehen. Aber drei Ehepaare aus der Gemeinde haben in diesem Jahr Silberhochzeit gehabt und wollen das jetzt feiern und wir sind alle eingeladen. So der offizielle Anlass. Ich gehe mit Maria an die Bar, bestelle zwei Glas Sekt und beichte ihr mein eigenmächtiges Verhalten und dessen Ergebnis. Maria ist sauer! In den nächsten Tagen reden wir immer wieder, was wäre wenn. Alles Spekulation! Ich mache folgenden Vorschlag: Wir fahren gemeinsam nach Grimma, schauen uns alles an und wissen dann wenigstens genau, über was wir reden.

So machen wir es, am zweiten Advent 1984 fahren Maria und ich nach Grimma. Herr Stiehler empfängt uns und beginnt gleich eine Führung durch seine Werkstatt, Lager und Außenlager. Nach einer knappen Stunde merke ich, er will uns wieder loswerden. Da frage ich ihn, ob er kein Interesse an meinen Beweggründen hat. Doch, das hat er und wir sitzen bald in seinem kleinen Büro. Nach einer Weile ruft er durch die Tür ins Haus: „Kleene, koch mal Kaffee!"

Danach sitzen wir in der Küche und reden angeregt miteinander. Zum damaligen Zeitpunkt gab es eine Verfügung, dass wiederverwendetes Material steuerlich abgesetzt werden kann. Verzinkte Laufstegstützen, Schneefangstützen, Dachleiterhaken, Schneefanggitter, Laufgitter und Dachfenster sollen aufgearbeitet werden, um sie erneut in ein Dach einbauen zu können und dem Materialmangel entgegenzuwirken. Dafür konnte man bestimmte Summen von der Steuer absetzen, so der Anreiz.

Herr Stiehler wusste davon, aber nicht, wie es genau geht. Durch meine Tätigkeit in der PGH konnte ich ihm zeigen, was zu tun war. Das beeindruckte ihn, denn es waren immerhin 2.500 Mark, die sich in einem Jahr sparen ließen. Wir erfuhren noch, dass er drei Gesellen beschäftigte und einen Lehrling.

Auf dem Weg nach Hause war ich sehr nachdenklich geworden. Alles in allem schätzte ich den Laden auf einen

Wert von 200 bis 250.000 Mark. Eine unmöglich hohe Summe für uns. Da meint Maria auf einmal, dass es ihr gefallen hat in Grimma, die Menschen sehr nett sind und sie sich an den Gedanken gewöhnen könnte. Ab dem Moment stand für mich fest, dass ich alles unternehmen werde, um die Möglichkeit zur Wirklichkeit werden zu lassen. Ein Freund meines Vaters arbeitete bei der Volksbank. Den suchte ich auf und sprach mit ihm. Mein Chef besorgte mir einen Termin mit einem selbstständigen Dachdeckermeister. Ich selbst kannte einen selbstständigen Dachdeckermeister in Wittichenau, der eben von seinem verstorbenen Vater den Laden übernommen hatte. Ich sprach mit ihnen. Alle waren der Meinung, die Firma sei zu groß, ich solle klein anfangen. Das brachte mich jedoch nicht von meinem Gedanken ab, sondern ich wurde immer sicherer, alles zu unternehmen, um es trotzdem zu schaffen.

Silvester feiern wir meinen 30. Geburtstag.

Meine Patentante Elisabeth kam uns das erste Mal besuchen, mit ihrem Mann und ihrem Sohn. Ein kleines Problem war ihre vegetarische Lebensweise, die wir so nicht kannten. Wir haben ihnen viel von Cottbus und seiner Umgebung zeigen können und fanden es schade, dass Besuche aus dem Westen mit so vielen Hürden verbunden waren. Da war nicht nur die weite Anreise aus Münster, da waren auch die Grenzkontrollen und der Zwangsumtausch von 25 D-Mark pro Person und Tag zu 25 Mark der DDR, also 1 : 1, Kinder unter 14 Jahren waren vom Umtausch befreit. Was sollten sie für das umgetauschte Geld in der DDR kaufen? Aber die DDR nahm nur allein mit diesem sogenannten Mindestumtausch 4,5 Milliarden DM ein. Der einzige Grund für den Umtausch war Devisenbeschaffung!

In den Frühlingsferien haben wir in Schwerin am See, im Wohnwagen der PGH, Urlaub gemacht. Dieter aus Dresden war mit seiner Familie gekommen, betreute unsere Kinder, als wir bei der Silberhochzeit von Uschi und Norbert in Cottbus gewesen sind. Man half sich einfach so!

Der Sommerurlaub 1985 war in Jauernick, im *Caritas Familienfreizeitheim St.-Wenzeslaus-Stift*, zusammen mit mehreren anderen Familien. Urlaub in Gemeinschaft mit Gleichgesinnten. Eine gute und erholsame Erfahrung.

Eine weitere Unternehmung in diesen Ferien: Wir fuhren mit der ganzen Familie das erste Mal nach Grimma. Im *Hotel Goldenes Schiff* haben wir übernachtet. Als wir um 13 Uhr unser Zimmer beziehen, ist die Stadt menschenleer. Also machen wir erst einmal Mittagsschlaf. Um 15 Uhr wird es laut auf dem Leipziger Platz vor unseren geöffneten Fenstern. Die Läden machen wieder auf!

Ganz genau haben wir uns Grimma angeschaut. Tobias hatte den Bildband von Grimma unter dem Arm, den wir von Stiehlers geschenkt bekommen hatten, und alle diese Sehenswürdigkeiten darin schauten wir uns nun in echt an. Am Sonntag waren wir in der katholischen Kirche und hatten einen positiven Eindruck. Ja, Grimma und seine Umgebung ist schön und wenn es klappt, sind wir ab 1988 Einwohner dieser Stadt.

Im September wird Tobias eigeschult. Er konnte es kaum erwarten.

Nach den Sommerferien 1985 traf ich mich mit Stiehlers in der Autobahnraststätte Wilsdruff. Das lag auf halbem Weg zwischen Cottbus und Grimma, so dass jeder nicht so weit fahren musste. Dort besprachen wir Einzelheiten der eventuellen Betriebsübernahme. Als wir uns verabschie-

deten, fragte ich, welche Chancen ich denn habe. Frau Stiehler stupste ihren Mann an und sagte: „Nun sag's ihm doch!"
– „Gut, Herr Heine", sagte Herr Stiehler zu mir, „ich mache es nur mit Ihnen! Wenn es aus irgendeinem Grund nichts wird mit uns, dann mach ich die Firma zu." Und etwas nachdenklich fügte er hinzu: „Das tu ich mir nicht noch einmal an, diese Verhandlungen. Herr Heine, Sie können sich nicht vorstellen, was da für Menschen dabei waren!" Tolle Nachricht für mich, ich freute mich riesig. Ab jetzt wurde er immer mehr Wirklichkeit, mein Traum von der Selbstständigkeit.

In den Jahren 1985 und 1986 war ich mehrmals in Grimma auf Wohnungssuche. Beim Wohnungsamt machte man mir keine Hoffnung, denn ich brauchte mit vier Kindern eine große Wohnung und die waren besonders knapp. Eine Dreiraumwohnung ginge wohl schon mal, aber eine größere Wohnung eben nicht. Herr Stiehler sprach diesbezüglich mit einem Schornsteinfeger aus Grimma und der konnte auf Anhieb mehrere Vierraumwohnungen und größer benennen, in denen nur noch eine Frau wohnte, der der Mann verstorben war und die gerne eine kleinere Wohnung gehabt hätte. Also bin ich mit den Adressen zum Wohnungsamt und habe einen Wohnungstausch vorgeschlagen: Eine von den Frauen bekommt eine kleine Wohnung und ich dafür die große Wohnung. Aber das ging nun plötzlich auch nicht mehr. Ich merkte, ich werde verarscht und das ließ mich aggressiv werden.

Im Gang vom Wohnungsamt hing ein sogenanntes Schwarzes Brett, an das unter dem Stichwort *biete – suche* jeder einen Zettel dranhängen konnte. Auf einem Zettel stand: *Biete Sechsraumwohnung (Haus), suche Einraum-*

wohnung. Ich nahm den Zettel vom Brett und ging noch einmal zu der Tante ins Zimmer und fragte nach der Adresse. Das sei nichts für mich und außerdem sei die Einraumwohnung erst recht nicht zu bekommen.

Ich schaute auf meine Uhr, es war 17.45 Uhr! Ich nahm mir einen Stuhl und sagte: „Ich bleibe jetzt so lange hier sitzen, bis Sie mir die Adresse geben." Die Frau traute ihren Augen und Ohren nicht und sagte barsch: „Das tun Sie nicht! Und wenn Sie nicht sofort mein Zimmer verlassen, rufe ich die Polizei!" – „Dann machen Sie das." War meine Antwort und ich blieb sitzen. So etwas hätte sie ja noch nie erlebt und ich sei unverschämt. Kurz vor 18 Uhr gab sie mir die Adresse und meinte, es sei sowieso hoffnungslos.

Sofort suchte ich die Adresse auf, stand vor dem Haus und klingelte. Ein älterer Herr erschien in der Tür und ich trug mein Anliegen vor. Da müsse er mit seinem Vater reden, denn der verkauft das Haus. Ich solle noch mal wiederkommen.

Es war eine Doppelhaushälfte mit drei Stockwerken. Zu ebener Erde konnte man in den Keller und in die Garage gehen. Der Eingang zum Hausflur war im Hochparterre. Im ersten Stock ging es raus in den Garten und im dritten Stock gab es noch Zimmer mit Dachschrägen. In der Fassade war eine Steintafel eingelassen: *Erbaut von W. Richter, 1888.* Der Verkäufer (92 Jahre) brauchte eine Einraumwohnung und der Sohn mit seiner Frau sollte eine Neubauwohnung in Grimma Süd bekommen. Das hatte nur einen Haken – das Gebäude war noch nicht fertig gebaut.

Mein Bruder Norbert war als Bauingenieur und Zimmermann und genau der Richtige, um das für uns in Frage kommende Haus zu begutachten. Sein Urteil war positiv – aber nicht mehr als 10 000 Mark! Damit war der Eigentümer einverstanden und der Kauf wurde vorbereitet.

Das Blut der Schwarzwaldklinik

Fasching war in der Kirchgemeinde Cottbus ein fester Bestandteil: Frohschar, Ministranten, Jugend, Frauen, im Kindergarten oder in den Familien – wir feierten Fasching. Man ging damit nicht in die Öffentlichkeit, sondern feierte mehr im Verborgenen, sozusagen in geschlossener Gesellschaft. Die Kirche hatte den Glauben zu verkünden, aber keinen Auftrag, Fasching zu feiern. Lagen doch die Hochburgen des Faschings sowieso im Westen und vom Westen kam bekanntlich nichts Gutes.

Der *Catholische-Carneval-Club-Cottbus (CCCC)*, gegründet 1983, ging einen neuen Weg. Der CCCC feierte Karneval außerhalb des geschützten Kirchenraumes, nämlich im *Sportlerheim Sachsendorf*, bei Werner. Werner betrieb die Gaststätte und er traute sich, Faschingsfeiern zuzulassen. Das Sportlerheim war eine alte Baracke mit einem großen Raum, ausgestattet mit Holztischen und Holzstühlen. Die Toiletten lagen außerhalb, waren natürlich nicht beheizbar und in einem sehr desolaten Zustand. Ein Tresen, eine kleine Küche und ein Kachelofen, das musste reichen fürs Feiern.

Die Karten für diese Faschingsveranstaltung, immer am Rosenmontag, waren sehr gefragt. Sie wurden am Sonntag nach dem Gottesdienst verkauft und waren ganz schnell vergriffen. Ich hörte, dass die Veranstaltungen sehr gut sind und meine Neugier war geweckt. Ich spreche mit Joshi, dem Präsidenten des Elferrates, und er lädt mich ein zur nächsten Besprechung. Von da an bin ich dabei und Mitglied des

Elferrates. Man war schon in den Vorbereitungen für den Rosenmontag und es gab viel zu tun. Das Thema stand auch schon fest, denn seit Oktober 1985 zeigte das ZDF *Die Schwarzwaldklinik*, die Mutter aller Arztserien schlechthin. Tom, ein Mitglied des Elferrates, lag aktuell mit einem Beinbruch im Krankenhaus. Wir besorgten uns weiße Kittel, setzten unsere Narrenkappen auf und gingen ins Cottbuser Krankenhaus, Tom besuchen. Mit meinem Fotoapparat wurde alles dokumentiert. Über dem Hauptportal prangte ein riesiges Plakat mit der Aufschrift *Für Frieden und Sozialismus*, ein sehr schönes Motiv. Bei Tom am Bett haben wir dann eine gepflegte Visite abgehalten.

Zu Hause habe ich vom Fernseher mit meinem Kassettenrecorder *Minett* die Titelmusik von der *Schwarzwaldklinik* aufgenommen. Dann bastelte ich einen überdimensionalen Fernsehbildschirm aus Spanplatte. Die Öffnung, also die Bildröhre, habe ich mit Transparentpapier bespannt. Fotos vom Krankenhausbesuch bei Tom sollten mittels Projektor vom Farbdia von hinten auf das Transparentpapier projiziert werden, so dass die Zuschauer das Bild wie bei einem großen Fernseher sahen, ohne dahinter den Projektor zu erkennen. Das Dia musste seitenverkehrt eingelegt werden, dann erschien es von vorn in der richtigen Position. Transparentpapier in der passenden Größe besorgten wir uns aus einem technischen Zeichenbüro. Der Holzrahmen bekam noch einen ordentlichen Farbanstrich, eben genau so, wie ein Fernseher aussieht.

Fernseher an, Schwarzwaldklinik auf der Bühne ...- das war schon mal ein super Einstieg ins Programm. Natürlich musste auf der Bühne dann live operiert werden. Tom war bis Rosenmontag wieder aus dem Krankenhaus raus und konnte nahtlos die Rolle des Patienten übernehmen. Den legendären Professor Brinkmann durfte ich spielen. Von der Werkbank im Keller suchte ich mir mein OP-Besteck zusammen: große Messer, Fuchsschwanz, Brustleier, verschiedene Bohrer, Stechbeitel und Holzhammer adelte ich kurzerhand zu Operationswerkzeug.

Für einen besonderen Gag füllte ich eine Luftballonblase mit roter Tinte. Die sollte beim ersten Schnitt aufplatzen und das weiße Tuch, das über dem Patienten lag, rot färben. Wir hatten alles mehrmals geübt und es sollte am Rosenmontag nichts schiefgehen.

In einer feierlichen Zeremonie, begleitet vom Titelsong der *Schwarzwaldklinik*, wurde der Patient hereingetragen und auf den OP-Tisch gelegt. Das Ärzteteam war bereit, die Operation konnte beginnen. Ich nahm ein großes Messer und begann, den Patienten zu öffnen.

Dabei drückte ich auf die mit roter Tinte gefüllte Blase, aber die wollte einfach nicht kaputtgehen. Der Gag, dass das Tuch sich mit dem ersten Schnitt rot verfärben sollte, klappte nicht. So ein Mist. Doch im Publikum, am Tisch direkt vor der Bühne, sprangen die Leute von den Stühlen und kreischten voller Entsetzen! Ich wusste nicht warum. Mein Gag klappte doch gar nicht!

Und ob er klappte. Die Blase zerplatzte nicht, aber mit dem Messer musste ich ein kleines Loch eingestochen haben und weil ich auf der Blase herumdrückte wie ein Wilder, schoss ein feiner Strahl roter Tinte heraus. Auf den Tischen der Gäste hatten wir weißes Papier als Tischdecken ausgelegt und über den Tisch ganz vorn an der Bühne zog sich plötzlich eine rote Linie, das Blut spritzte bis ins Publikum hinein und verteilte sich auf ein oder zwei Tischen.

Besser hätte man es sich nicht ausdenken können. Dieser Gag wurde später immer wieder als besonders gruselig und gelungen erwähnt.

BEGINN IN GRIMMA. Raphaelas Schulanfang ist im Jahr 1986. Vorher fahren wir ein letztes Mal auf die Insel Poel in den Urlaub, denn durch meinen Weggang aus der PGH Bedachung wird dieser Urlaubsplatz künftig nicht mehr verfügbar sein.

Im Oktober 1986 darf Maria mit ihrem Bruder Jochen zu Besuch nach Westdeutschland reisen. Seit wenigen Jahren ist so etwas möglich, bis dahin durften ja nur Rentner in den Westen fahren. Bedingung ist natürlich, dass der Antragsteller verheiratet ist und Kinder hat, die alle nicht ausreisen dürfen, damit auch wirklich garantiert ist: Der Reisende kommt wieder zurück.

Marias Tante Ursel wohnt in München und feiert ihren 60. Geburtstag. Als Maria nach zehn Tagen wieder nach Hause kommt, muss sie genauestens erzählen, was sie erlebt hat. Die Tür zum Westen wird für uns einen kleinen Spalt geöffnet und wir dürfen mal reinhören. Um selbst in den Westen zu fahren, muss ich noch bis 2020 warten, denn dann erreiche ich das Reisealter, so die Perspektive.

Im Mai 1987 feiern wir die Erstkommunion von Felix und danach beginne ich mit der Arbeit bei der Firma Stiehler in Grimma. Von da an bin ich nur noch an den Wochenenden zu Hause in Cottbus, eine harte Zeit für alle! In Grimma wohne ich in unserem zukünftigen Haus, im Dachgeschoss. Es ist aber eine notwendige Entscheidung. Zum einen kann ich den Betriebsablauf bei Stiehler kennenlernen und im Haus kann ich auch schon ein wenig Hand anlegen.

Auf meine Initiative hin machen wir in der Firma den ersten Betriebsausflug – nach Berlin zur Bauausstellung. Maria mit vier Kindern allein in Cottbus. Keine einfache Sache! Drei Schulkinder mit all ihren Sorgen und Wünschen. Und Elisabeth, unsere Jüngste – sie will einfach nicht sprechen. Sie sagt immer nur „Nana" und das in verschiedenen Tonlagen: lieb, fordernd, trotzig, bettelnd, immer so, wie sie es braucht. Alle verstehen sie und warum soll sie da komplizierte Wörter verwenden. Deshalb muss Maria mit Elisabeth zu einer besonderen Untersuchung, ob ein körperliches Handikap vorhanden ist. Die zuständige Ärztin hat nicht den besten Ruf in Cottbus, so jedenfalls reden die Muttis über sie. Bevor Maria zusammen mit Elisabeth dorthin geht, nimmt sie eine Tablette zur Beruhigung. Sie nimmt sonst niemals Tabletten!

Abschließend meint die Ärztin tatsächlich feststellen zu müssen, Elisabeth sei ein physisch und psychisch hochgradig gestörtes Kind! Wie gut, dass Maria vorher eine Pille eingeworfen hatte.

Dann passiert das bis dahin Undenkbare – ich darf zum Jahreswechsel 1987/1988 besuchsweise in den Westen ausreisen. Wie kam es dazu? Mein Bruder Bernhard hatte eine Reise beantragt, um zur Silberhochzeit vom Großonkel unserer Mutter zu fahren. Er war aber im Schuldienst als Lehrer für Chemie und Biologie tätig und man legte ihm nahe, den Antrag nicht weiter zu verfolgen. Wenn man da keine Schwierigkeiten haben wollte, nahm man den Rat an und verzichtete lieber. Bernhard machte mir den Vorschlag, meinerseits zu versuchen, einen Antrag zu stellen, es sei ja alles vorbereitet. Ich hatte nicht den Funken einer Hoffnung, dass es klappen könnte, aber ich nahm seinen Rat an und stellte einen Antrag. Im letzten Moment, am 24.12.1987 vormittags, durfte ich die Genehmigung bei der Volkspolizei in der Karl-Liebknecht-Straße in Cottbus abholen.

Am Ersten Feiertag um 0:00 Uhr habe ich die Grenze zu Westberlin in der Friedrichstraße passiert. Auf der anderen Seite des Bahnsteiges stieg ich in den noch fast leeren Interzonenzug ein. Der Zug hielt noch einmal am Bahnhof Zoo, war danach voll besetzt und fuhr ohne Halt bis zur Innerdeutschen Grenze. Da die Grenzkontrolle am Bahnhof Friedrichstraße stattgefunden hatte, kamen nur freundliche Bundespolizisten durch den Zug und alles lief entspannt ab.

Früh morgens gegen 7 Uhr stieg ich in Münster aus dem Zug. „Herr Johannes Heine, Herr Johannes Heine aus Cottbus, bitte melden Sie sich bei der Bahnpolizei", tönte es aus dem Lautsprecher. Zwei Mann in blauer Uniform liefen über den Bahnsteig. Ich ging auf sie zu und stellte mich vor. Sie begrüßten mich freundlich und erklärten mir, dass der Mann meiner Patentante angerufen hätte, sein Bus fährt erst um halb acht und er kann nicht pünktlich auf dem Bahnhof sein, um mich abzuholen. Damit ich mich nicht verloren fühle, sollen sie sich so lange um mich kümmern. Nun wartete ich bei einer Tasse Kaffee bei der Bahnpolizei darauf, abgeholt zu werden. Natürlich musste ich den Herren erzählen, wie es so ist in der DDR, sie selbst hatten keine Kenntnis.

Als die Silberhochzeit in Bocholt vorbei war, fuhr ich nach Schifferstadt zu unserer Freundin Gisela. Vorher ging Onkel Carl mit mir noch zur Bank, um das sogenannte Begrüßungsgeld von 75 DM abzuholen. Das war der feine Unterschied zur DDR, wo auf die Besucher ein Zwangsumtausch wartete. Ach, fast hätte ich es vergessen!

Ironieschalter an: So schlecht war die DDR gar nicht, gegen 10 Mark der DDR durfte ich für diese Reise sogar 10 DM ertauschen, damit ich nicht mittellos in den Westen fahren musste. Danke, liebe Genossen!

Ab Januar 1988 arbeite ich an der Modernisierung unseres Hauses in Grimma: Wände herausreißen, Fensteröffnungen zumauern, Wände verputzen, Zentralheizung einbauen, Fußböden erneuern und Malerarbeiten. Hilfe hatte ich von Mitarbeitern der Firma Stiehler, meinem Bruder Norbert und seinem Sohn Thomas, die gesamte Elektrik machte Marias Bruder Jochen. Die Heizungsbauer- und Fliesenleger-Arbeiten haben Firmen ausgeführt. Insgesamt hatten wir für die Sanierung 50.000 Mark zur Verfügung.

DDR-Talent + Westmaterial = Palast

Zum Jahreswechsel 1987/88 fahre ich das erste Mal in die Bundesrepublik. Nachdem ich den Pflichtteil in Münster absolviert habe, steige ich in den IC von Münster nach Schifferstadt. Eine Strecke von knapp 400 Kilometern, direkt zu Gisela. Für mich etwas Unbekanntes: Die Menschen im Zug unterhalten sich angeregt miteinander. Als die Mitreisenden merken, dass ich aus der DDR bin, ist meine Meinung zu allen möglichen Themen gefragt. Eine Dame, die mir die ganze Zeit schräg gegenübersitzt, verabschiedet sich sogar mit Handschlag und gibt mir dabei einen 50-DM-Schein mit der Bemerkung: „Sie können es bestimmt gut gebrauchen." Diese Herzlichkeit – unfassbar!

Gisela hat nun also einen Dachdeckermeister zu Besuch und sie hat ein altes Dach. Natürlich fragt sie mich, ob ich mal draufschauen kann. Mache ich und stelle fest:

Innenverstrich ist an einigen Stellen herausgefallen und könnte erneuert werden. Bei einigen Firstziegeln fehlt der Mörtel. Da kann ich Abhilfe schaffen, wenn ich irgendwoher Mörtel bekomme. Also fahren wir gemeinsam in eine Baustoffhandlung. Dort sage ich, dass ich Kalk, Zement und scharfen, feinen Sand benötige. Ob ich mit Kalk Wände streichen möchte, fragt der Mitarbeiter. So erkläre ich ihm, was ich vorhabe. Jetzt ist alles klar, meint der Verkäufer, ich bräuchte also Dachdeckermörtel. Aber deshalb habe ich ja nach Kalk, Sand und Zement gefragt! Das hat er fertig im Sack, eben *Dachdeckermörtel!* „Wie jetzt, im Sack? Da brauche ich wohl bloß noch Wasser dazutun und fertig?" – „Ja, wie denn sonst? Welche Farbe soll er den haben, grau oder rot?"

Ich spare mir die Erklärung, wir kaufen einen Sack mit 40 Kilo und verschwinden. Als ich meinen Mörtel zurechtmache, merke ich, dass sogar Fasern im Mörtel sind, sozusagen als Bewehrung. Nicht zu fett und nicht zu mager, er lässt sich gut verarbeiten und so kann ich Gisela helfen.

Eines Morgens sitze ich mit Gisela am Frühstückstisch und sie fragt mich, was ich heute gerne machen würde. Es war nichts geplant für diesen Tag. „Fahr mich bitte in einen großen Baumarkt, lass mich allein und hol mich Mittag wieder ab." So machen wir es. Ich gehe zum Informationsstand im Eingangsbereich, stelle mich vor, sage, dass ich aus der DDR komme und nichts kaufen möchte, aber mir alles anschauen muss. So wissen sie Bescheid und lassen mich in Ruhe.

Ich gehe durch die einzelnen Abteilungen und staune über die Vielfalt. Die Preise kann ich nicht einschätzen, weil ich die Einkommen nicht ins Verhältnis setzen kann. Es gibt nicht nur Wasserhähne, sondern *ganz viele Sorten* Wasserhähne. Manchmal stehe ich vor einem Regal und kann es kaum fassen: Fliesen in verschiedenen Größen, Farben und Strukturen. Ganze Wände voller Tapeten. Eine Elektroabteilung, in der jeder alles kaufen kann. Bei uns muss man Elektriker sein, sonst gib es gar nichts. Werkzeuge und Maschinen aller Art. Handkreissägen – große, kleine und dann noch von fünf verschiedenen Herstellern.

Ich fasse zusammen: Hätten wir DDR-Bürger mit unseren Fähigkeiten diese Materialien und Werkzeuge – wir würden alle in Palästen wohnen.

Dann habe ich aber doch einiges gekauft, denn wir waren ja gerade dabei, das Haus in Grimma zu modernisieren. Mischbatterien für Dusche und Badewanne, Farbe für die Heizkörper, Raufasertapete, alles, was in der DDR absolut nicht zu bekommen war. Als ich in Frankfurt/Main in den Zug stieg, war ich der dritte im Abteil, aber nach mir waren alle Gepäckfächer belegt. In Cottbus habe ich mein Gepäck aus dem Fenster gereicht, ich konnte nicht alles tragen.

UMZUG NACH GRIMMA. Am 12. Mai 1988, Himmelfahrtstag, ziehen wir nach Grimma, in unser altes, neues Haus. Angekommen in Sachsen, beginnt für die ganze Familie eine Zeit der Umstellung. Freunde und Familie bleiben in Cottbus zurück. Die Kinder starten in ihnen unbekannten Schulen. In Grimma werden wir neue Freunde finden. Die katholische Gemeinde wird uns dabei unterstützen, so jedenfalls sind wir voller Überzeugung.

Dann ist der große Tag gekommen, am 1. Juli 1988, einem Freitag, übernehme ich die Dachdeckerfirma Stiehler. Wir haben uns auf einen Kaufpreis von 250.000 Mark der

DDR geeinigt. 200.000 ist der offizielle Teil, denn mehr Geld ist für eine Betriebsübernahme in der DDR nicht vorgesehen. Und da ist noch etwas: Bis zu einer Höhe von 100.000 Mark liegt die Entscheidungsgewalt für eine Firmenübernahme beim Kreisbauamt, über alles, was darüber geht, wird in Berlin entschieden. Am Tag der Übernahme haben wir noch keine Nachricht, ob alles genehmigt wird. Wir feiern trotzdem und tun so, als ob. Freunde und Familienangehörige sind aus Cottbus gekommen, auf Stiehlers Seite ebenfalls Freunde und Familie. Wir feiern in einer kleinen Gaststätte in der Siedlung.

Keinesfalls möchte ich meinen großen Traum der Selbstständigkeit mit einer Firma beginnen, die mir nicht gehört. Da erinnere ich mich an eine Begebenheit aus Westdeutschland. 1986 wird der gewerkschaftseigene Baukonzern *Neue Heimat* an den Berliner Brotfabrikanten Horst Schiesser verkauft, Europas größter Wohnungsbesitz geht, verschuldet mit 17 Milliarden, für den symbolischen Preis von 1 DM weg.

Dem Beispiel folgend setze ich einen Kaufvertrag auf mit einem symbolischen Kaufpreis von einer Mark. Vielleicht hat mir der Umstand geholfen, dass schon ein wenig Alkohol geflossen war, als ich mit dem Vorschlag und dem Kaufvertrag vor die Versammelten trat. Zur Freude aller Anwesenden wurde der Vertrag feierlich von Herrn Stiehler und mir unterzeichnet. Er bekam die Mark sofort und ab jetzt gehörte mir der Laden und ich konnte am Montag mit meinem langersehnten Traum beginnen.

Mit der Firma kauften wir zwei Grundstücke. Ein Grundstück war mit Werkstatt, Garage mit Lager und einem kleinen Hof. Das andere Grundstück war das Außenlager mit

Schuppen und einer Garage. An Fahrzeugen hatten wir drei Kleintransporter *Framo*-Pritsche, einen *Barkas*-Pritsche und einen *Trabant Kombi*. Zwei der Framos waren im Einsatz und ein Framo wurde im Winter auseinandergeschraubt und wieder neu aufgebaut. Die Baujahre der Framos waren 1952, 1953 und 1955. Somit waren zwei Autos älter als ich! Der B1000 hatte zwölf Jahre auf dem Buckel, war aus Ersatzteilen von einem Klempnermeister in Schwerin aufgebaut worden und zehn Jahre alt zum Kauf angeboten worden. Der Kaufpreis: 10.000 Mark offiziell und 20.000 Mark Schwarzgeld. Außerdem ging an uns allerhand Zubehör wie Leitergerüste, Aufzüge und diverse Werkzeuge und Hilfsmittel.

Herr Stiehler hatte gut vorgesorgt. Flachdächer mussten damals wegen der verwendeten Dachpappen regelmäßig mit einem Bitumenanstrich gepflegt werden. Umgangssprachlich sagte man, die Dächer werden geteert. Der Anstrich war vorrätig für mehrere tausend Quadratmeter Dachflächen und wir legten los. Der Vorteil bei dieser Arbeit bestand darin, dass wir schnell vorankamen, schnell Rechnungen schreiben konnten und die Gewinnspanne bei diesen Arbeiten relativ hoch war. Das machte uns den Start leichter. So war bereits das Geld vorhanden, um die ersten Löhne zu zahlen. Irgendwann im Juli kam dann auch der Kreisbaudirektor mit der Bestätigung aus Berlin, dass der Kauf genehmigt war und alles seine Ordnung hatte. Im Sommer konnten wir sogar eine Woche in den Urlaub fahren. Die Grimmaer *PGH Friseur* hatte in Ferch am Schwielowsee einen Wohnwagen als Ferieneinrichtung stehen. Handwerker helfen sich untereinander und so konnten wir den Wohnwagen nutzen. Für ungefähr 500 Mark kauften wir in einem Potsdamer Sportgeschäft ein Faltboot, einen Zweisitzer, und hatten damit viel Spaß.

Im September macht Firma Heine den ersten Betriebsausflug in die Sächsische Schweiz. Dampfer fahren, wandern und ein bonfortionöser Abschluss in einer Tschechischen Nationalitätengaststätte in Dresden, das waren die Höhepunkte. In der Gaststätte wurden wir hervorragend bedient. Eine Schüssel Knödel nach der anderen kam auf den Tisch, aber die letzte Schüssel war zu viel. Andererseits: In die Küche zurück – das konnten wir nicht zulassen. In einem unbeobachteten Moment wanderten die Knödel in eine Tüte. Der Kellner war verdutzt, als er die leere Schüssel sah, so etwas hatte er wohl noch nicht erlebt.

Immer wieder fahren wir nach Cottbus. Der Bezug zur alten Heimat und so manche Familienfeier erfordern es. Aber wir sind jetzt bequem unterwegs, denn bei der Firmenübernahme war ein 1500er Lada mit dabei.

In den großen Ferien machen wir Urlaub in Oberweißbach. Ebenfalls eine Einrichtung der Handwerkskammer. Wir sind viel in Thüringen unterwegs und der Dachdecker staunt natürlich über die Schieferdächer und Fassaden. Weil an unserem Haus in Grimma noch Fassade instandgesetzt werden muss, suchen wir Ideen und fotografieren viel. Vielleich wird es eine Schiefer-Fassade, dann aber aus Asbestzement-Platten. An Naturschiefer ist kein Rankommen.

Die Familie Weiland aus Cottbus – sie betreiben eine Bäckerei – hat ein Ferienhaus am Mochowsee. Das Dach muss erneuert werden. So machen wir mit beiden Familien einen Arbeitsurlaub daraus. Zwei Tage später ist das neue Dach drauf und alle freuen sich.

Für den Aufenthalt haben wir uns einen Wohnwagen ausgeliehen, einen *Queck Junior*. Die Wände sind nicht wärmegedämmt, das Wasser läuft innen an den Wänden runter, die Bettwäsche ist ganz nass und es dauert, bis wir sie trocken haben.

Im Herbst 1989 berichtet das *ZDF* von Demonstrationen in Leipzig. Sonntag nach der Kirche frage ich in die Runde, ob jemand mehr weiß. Alle schütteln nur mit dem Kopf. Als ich sage, dass ich am Montag mal selbst nach Leipzig fahren möchte, ist Veronika aus der Kirchgemeinde mit dabei. Wir verabreden uns und fahren am Montag nach Leipzig. In die Nicolaikirche, zum Friedensgebet, kommen wir nicht mehr rein. An der Tür hängt ein Zettel mit der Aufschrift: *wegen Überfüllung geschlossen.*

Wir warten auf dem Platz vor der Kirche. An der Seite entdecken wir Kerzen und Fotos von Menschen, die eingesperrt wurden. In den Seitenstraßen sehen wir Bereitschaftspolizei, auch auf einem Flachdach gegenüber der Kirche ist die postiert. LKWs, sogenannte Mannschaftswagen, stehen bereit. Es werden immer mehr Menschen auf dem Platz vor der Kirche. Dann gehen die Kirchtüren auf und tausend Menschen aus der Kirche kommen auch noch auf den Platz. Es ist sehr eng. Wir könnten gar nicht mehr weg, selbst, wenn wir wollten.

Plötzlich kommt Bewegung in die Masse. Wir gehen Richtung Grimmaer Straße. Manche Frauen halten Zettel in den Händen, auf denen steht: *keine Gewalt* oder *Freiheit* oder *Reih Dich ein* oder *Reisefreiheit* und so weiter. Wir versuchen in der Mitte zu bleiben, falls von der Seite her Polizei knüppeln sollte. Sprechchöre werden laut: „Leute lasst das Schauen sein, kommt herunter, reiht euch ein!" oder „Wir sind das Volk!" Wir haben Gänsehaut pur!

Am Karl-Marx-Platz (heute Augustus-Platz) angekommen, gehen wir an die Seite und steigen die Stufen der Oper hinauf. Von da aus haben wir einen besseren Blick. Es sind unfassbar viele Menschen! Eine Polizeikette stellt sich in den Weg. Die Mützen werden den Polizisten vom Kopf gerissen und in die Luft geworfen. Damit löst sich die Polizeikette auf, denn jeder versucht, seine Mütze wiederzufinden. Fehlt die Mütze, gibt es Ärger. Das wissen die Menschen! Mit diesen Eindrücken fahren wir nach Hause und erzählen allen davon. Am nächsten Montag fahren wir wieder zur Demo. Bei den kommenden Demos werden Bilder gezeigt: Honecker in Sträflingskleidung. Und aus DDR-Fahnen ist das Emblem herausgeschnitten, Fahne mit Loch! „Deutschland einig Vaterland"-Rufe ertönen. Jetzt gehen sie zu weit, denke ich. Veränderung ja, aber mehr ist nicht drin!

Am 9. Oktober 1989 fahre ich nicht nach Leipzig. Wir wissen nicht, ob auf Menschen geschossen werden wird. Am 7. und 8. Oktober wurden in Berlin Menschen von bewaffneten Kräften niedergeschlagen und abgeführt. Ich habe Familie und eine Firma, das ist zu viel Verantwortung, um alles aufs Spiel zu setzen. So bleibe ich zu Hause und bin später froh, dass alles friedlich geblieben ist.

Von da an bin ich montags wieder mit dabei und einmal nehmen wir die Kinder mit. Gelebte Geschichte! Dabei wird es noch einmal spannend als die Stasi-Zentrale *(Runde Ecke)* besetzt wird.

Wir nutzen jede Möglichkeit der Information, hören und sehen die Nachrichten, Ost wie West. Die Ereignisse überschlagen sich. Egon Krenz wird Staatsratsvorsitzender! Gerade der, der Berufsjugendliche, der nach der Niederschlagung des Aufstandes auf dem Platz des Himmlischen Friedens in Peking davon gesprochen hatte, dass etwas getan worden sei, „um die Ordnung wiederherzustellen".

Am Donnerstag geht Maria zum Sport und ich bin mit den Kindern zu Hause. Das West-Fernsehen zeigt in der *Tagesschau* SED-Funktionär Günter Schabowski mit der Aussage, die Grenzen werden geöffnet und auf Nachfrage eines Journalisten, wann denn das, murmelt Schabowski: „Ab sofort!"
Ich kann nicht glauben, was ich gesehen habe. Als Maria nach Hause kommt, erzähle ich ihr davon und wir schauen gespannt die *Tagesthemen*. Ja, es ist so! Ich überlege, ob ich nach Berlin fahren soll. Da muss man doch dabei sein, denke ich. Aber ich lasse es sein und gehe am nächsten Morgen wieder meine Arbeit machen.

Um unsere Pässe schnellstmöglich in Ordnung bringen zu lassen, muss sich Maria bei der Polizei in eine endlos lange Schlange stellen. Dabei ist so ein Gedränge, dass ihr ein Träger vom BH zerreißt! Als wir die Pässe klar haben, machen Maria und ich uns mit allen vier Kindern auf den Weg nach München zu Tante Ursel. In Nürnberg Zwischenstopp. Es ist sehr früh am Morgen, nur der Bäcker hat geöffnet, es riecht gut und die Wärme aus den geöffneten Türen ist angenehm. Die Kinder bekommen vom Bäcker Gebäck vom Vortag geschenkt.

Als die Bank öffnet, holen wir das Begrüßungsgeld. Danach führt der erste Weg in den Spielzeugladen. Jedes Kind darf sich was aussuchen. Tobias, der noch vor Stunden gelangweilt sagte: „Was ihr bloß habt mit dem Westen, hier ist es doch auch nicht anders als bei uns." Der steht jetzt unschlüssig vor dem Spielzeugregal und sagt: „Ich weiß gar nicht, was ich zuerst nehmen soll!" Jetzt hat er es begriffen. Bei Tante Ursel schlafen wir mit den Kindern im Doppelbett und irgendwie geht das auch. Ein Wochenende in München, wer hätte das gedacht.

Weihnachten feierten wir dann zu Hause, fuhren danach über den Jahreswechsel mit dem Auto zu Gisela nach Schifferstadt. Gisela und Renate nahmen uns in Herleshausen in Empfang, nachdem wir in Eisenach die DDR verlassen hatten, wir wollten nun mit zwei Autos nach Schifferstadt weiter. Weil wir mit vier Kindern auch viel Gepäck hatten und im Kofferraum vier Zwanzig-Liter-Kanister Benzin mitmussten, hatte ich einen Dachgepäckträger auf das Autodach montiert und mit einer blauen Folie abgedeckt. An unserem blauen Päckchen waren wir immer gut zu erkennen und so haben wir uns bis Schifferstadt nicht verloren.

Die Familie von Gisela nahm uns sehr freundlich auf, die Kinder verstanden sich super und wir redeten viel miteinander. Was wird die Zukunft bringen. Wie könnten die Veränderungen aussehen? Wir hatten unser Begrüßungsgeld und sonstige Geldgeschenke gut zusammengehalten. Es waren etwas über 700 DM. Ich wollte das Geld nicht mit zurück in den Osten nehmen, ich traute den Genossen nicht. Da hatten wir die Idee: Ich bin doch deutscher Staatsbürger und kann bestimmt ein Konto einrichten. Das haben wir dann bei der Post versucht und den Leuten da einiges Kopfzerbrechen bereitet, mit dem Ergebnis: Es war machbar.

Richard, der Schwager von Gisela, bekam den Auftrag, nach einem gebrauchten Computer Ausschau zu halten, nicht teurer als 700 DM. Der Computer sollte mir helfen, in der Firma schneller Angebote und Rechnungen zu stellen.

Es dauerte nicht lange, da konnte ich das Teil abholen. Um nicht den weiten Weg nach Hause am selben Tag zu bewältigen, übernachtete ich bei Renate und Richard. Der Computer stand in meinem Zimmer und der jüngste Sohn, sechs Jahre alt, hatte noch kurz zuvor am Computer gespielt.

Weil ich nicht schlafen konnte, versuchte ich den Computer zu starten, aber es gelang mir nicht. Alle meine Mühen waren vergebens, das Ding wollte nicht. Völlig deprimiert versuchte ich wieder zu schlafen. Mein Ego war am Boden. Der kleine Junge kann einen Computer bedienen und ich bekomme das Ding nicht einmal zum Laufen! Am nächsten Morgen ließ ich mir das zeigen.

Nach unserem kurzen Urlaub im Westen sind wir voller Hoffnung und Ungewissheit wieder zurück in die DDR gefahren. Was wird sich alles verändern? Wie werden wir uns verändern? Eine Rolle rückwärts haben wir nicht mehr für möglich gehalten! Wir saugten weiterhin alles in uns auf, was wir an Informationen bekommen konnten. Wo können wir uns einbringen, wie können wir aktiv werden?

Aber das ist schon wieder eine andere Geschichte!

Und die Stasi hörte mit

Gisela Schwarz, unsere gute Seele und Patentante von Tobias, beantragte, lange nach der Wende, Einsicht in ihre Stasi-Akte. Folgende Erkenntnisse zu unserem Leben vor der Wende sind dadurch erst bekannt geworden:

Information

Am 15.03.1983 wurde von der Abteilung II/8 eine KK-Erfassung für Johannes Heine, mit allen Daten wie Geburtsdatum, Geburtsort, Personenkennzahl, Staatsangehörigkeit, wohnhaft, Beruf und Arbeitsstelle, vorgenommen.

Ich las nach in einer Info des Bundesarchivs:

KK-Erfassung war ursprünglich die Speicherung von Informationen in Kerblochkarten der operativen Diensteinheiten. Nach Wegfall der KK durch Dienstanweisung 1/80 blieb die KK-Erfassung als aktive Erfassungsart für Personen bestehen, die wegen „feindlich-negativer Einstellung" oder „besonderer gesellschaftlicher Stellung" die Aufmerksamkeit des Ministeriums für Staatssicherheit (MfS) erregten, ohne dass die Bearbeitung in einem Operativen Vorgang/einer Operativen Personenkontrolle (OPK) gerechtfertigt gewesen wäre.
(Info Bundesarchiv)

In der Akte folgt die Formulierung
„Sachstandbericht zum Material",
Rest geschwärzt und anonymisiert

Seite 2 anonymisiert

Seite 3, Abschrift:

Im vorliegenden Material soll geklärt werden:

- geschwärzt
- Welchen Charakter tragen die Verbindungen der BRD-Bürger zur Familie H.

Auf einer sogenannten *Index*-Seite wird der Vorgang OPK „Dach" genannt. Darunter eine Auflistung von zwölf Personen, die geschwärzt wurden. Außer

Pos. 09 Schwarz, Gisela mit Geburtsdatum.

Auf einer weiteren Seite mit Datum vom 30.6.1983 mit der Überschrift: Einleitungsbericht zur OPK „Dach"

1. Personalien von Johannes Heine und Maria Heine

Abschrift Anfang

2. Gründe für das Einleiten

Der Dachdecker Heine, Johannes kommt im Rahmen der Objekt/Umweltbeziehung in MfS-Objekte als Fremdhandwerker zum Einsatz. Er und seine Ehefrau Heine, Maria haben zu mehreren BRD-Bürgern aktive Verbindungen. Ein Verwandtschaftsverhältnis besteht nicht.

Nächster Absatz geschwärzt.

Zur vorbeugenden abwehrmäßigen Sicherung der Objekt/Umweltbeziehungen der BV Cottbus ist es notwendig, den H. und dessen

Ehefrau unter operative Kontrolle zu nehmen.

3. Zielstellung der OPK

Mit der OPK soll eine zweifelsfreie Klärung des Charakters der Verbindungen der Familie H. in das Operationsgebiet herbeigeführt werden.

Nächster Absatz geschwärzt.

4. Sachstand

Der Dachdecker Heine, Johannes kommt im Rahmen der Objekt/Umweltbeziehungen als Fremdhandwerker zum Einsatz und ist somit in der Lage, die Regimeverhältnisse innerhalb betreffender Objekte kennenzulernen.

Nächster Absatz anonymisiert.

Bisher geführte Ermittlungen/Überprüfungen zu H., Johannes und dessen Ehefrau ergaben:

Restliche Seite und Seite 3 anonymisiert.

Seite 4: Zum H., Johannes bzw. dessen Ehefrau gibt es zahlreiche Einreisen aus dem NSA, welche keinen verwandtschaftlichen Charakter tragen.

Einreisen:

Erster Anstrich anonymisiert, dann:

- Schwarz, Gisela (... persönliche Daten)

- Erfasst: SV 1068/76 seit Februar 1983
- Schwarz, G. reiste seit 1975 -1982 jährlich mit PKW LU-TL 781 ein.
- Sie beabsichtigt, im September (16.-30.9.) 1983 wiederum zu H. besuchsweise einzureisen. Sie steht mit Fam. H. in regelmäßiger (1mal vierteljährlich) postalischer Verbindung.

Seite 5: Anfang anonymisiert

5. Versionen

a) die Verbindungen der Fam. H. zu den BRD-Bürgern basiert auf gemeinsamen Interessen privaten Charakters. Hierbei ist zu beachten, daß die Familie H. konfessionell stark gebunden ist und die Verbindungen/Kontakte sowie Familientreffen einen rein kirchlichen Charakter tragen.

Rest anonymisiert

c) Die Verbindungen und Kontakte zur Familie H. wurden durch die BRD-Bürger gezielt entwickelt und planmäßig weiter aufrechterhalten. H., Johannes wird nach Informationen abgeschöpft, die er während seiner Einsätze in MfS-Objekten erlangt.

Seite 6: Nachfolgend genannte Maßnahmen der Ermittlung, Überprüfung und Beobachtung müssen eine der genannte Versionen bestätigen.

6. Politisch-operative Maßnahmen

Restliche Seite anonymisiert

Seite 7:

- Einleitung der PK der Abt. M zu den Personen
- H., Johannes
- Schwarz, Gisela
- T.: 15.7.1983
- V.: Gen. Klinger
- K.: Referatsleiter
- Vorbereitung und Realisierung des Einsatzes von Technik Maßnahme - B -, der Abt. 26 in der Zeit der Einreise von Schwarz, Gisela zu Familie H.
- T.: 16. - 30.9.83
- V.: Gen. Klinger
- K.: Referatsleiter
- Analyse des erarbeiteten Materials, Zwischeneinschätzung und Festlegung weiterführender Maßnahmen.
- T.: 15.10.1983
- V.: Gen. Klinger
- K.: Referatsleiter

Leiter der Abteilung
Knuth, Oberleutnant
Klinger, Unterleutnant

Die nächsten Unterlagen sind mit Datum vom 4.4.1984 versehen. Der Einfachheit halber beschränke ich mich auf die wörtliche Wiedergabe der Texte und spare mir jedes Mal die Einführung, über wen berichtet wird, da es bekannt ist.

Abschrift Anfang:

194

Zwischenbericht zur OPK - geschwärzt

Die unter OPK gestellte Person, Heine, Johannes, kommt im Rahmen ihrer beruflichen Tätigkeit in MfS-Objekten als Fremdhandwerker zum Einsatz.

Sowohl er als auch seine Ehefrau Heine, geb. Klink, Maria, unterhalten seit 1978 enge postalische und persönliche Kontakte zu der BRD-Bürgerin Schwarz, Gisela. Die erste Einreise der Schwarz zur Familie H. erfolgte in der Zeit vom 9.2. - 18.2. 1979. Weitere Einreisen waren im Zeitraum 28.3. - 8.4.1980 und 19.9. bis 27.9.1983. Der Charakter der Verbindung veränderte sich in dieser Zeit dahingehend, dass 1978 die Verbindung als Urlaubsbekanntschaft bezeichnet wurde und inzwischen ein Verwandtschaftsverhältnis 4. Grades angegeben wird.

Teile des Textes wurden anonymisiert.

Zur Einreise im September 1983 benutzte die Schwarz einen PKW Renault, lindgrün, poliz. Kennzeichen LU-TL 781.

Eine Beobachtungsmaßnahme durch die Abt. VIII konnte während dieser Einreise nicht realisiert werden. Durch den Einsatz des F-IM „Germano" war es möglich, sowohl von der Schwarz, Gisela als auch von der Gastgeberin H., Maria und deren Kindern Fotos anzufertigen. Der PKW der Sch. Stand während der Einreise meist in der Nähe der Wohnung der Gastgeber. Es wurde offensichtlich kaum mit dem „Renault" weggefahren.

Inoffiziell wurde bekannt, daß für die Schwarz, G. eine erneute Einreise für den Zeitraum vom 19.4. – 3.5.1984 (Sprung 1/84) beantragt wurde. Die Schwarz hatte sich postalisch dahingehend geäußert, das sie mit dem Zug kommen will. Beantragt wurde jedoch die Einreise wiederum mit dem PKW: LU-TL 781.

Teile dazwischen wurden anonymisiert.

Vor und während der Einreise der Schwarz, G. sollen folgende politisch-operative Maßnahmen realisiert werden:

1. Speicherung des DDR-Kfz – ZF 82 – 75 im Kfz-Speicher II/4
2. Operativer Einsatz von MA bzw. IM zur Beobachtung der Schwarz, G. und Dokumentation ihrer Handlungen
3. Legendierte Aussprachen mit den Hausbewohnern der Petersilienstraße 20 mit Perspektive – Schaffung IM im Wohnbereich der Gastgeber

Unterzeichnet von
Knuth, Oberleutnant und
Klinger, Unterleutnant

Abschrift Ende

Weitere Unterlagen sind: ein Auskunftsersuchen vom 18.01.1985

Unter Punkt 6 „Grund der Überprüfung" ist unterstrichen: „andere politisch-operative Erwägung"

Abschrift Anfang:

Abschlussbericht zur OPK vom 4.2.19853

Der Bereichsmeister H. kommt im Rahmen seiner beruflichen Tätigkeit in MfS-Objekten zeitweise als Handwerker zum Einsatz. Er und seine Ehefrau unterhielten zu BRD-Personen umfangreiche Kontakte und Verbindungen ohne verwandtschaftlichen Charakter. Die Zielstellung der OPK bestand darin:

- Klärung des Charakters der Verbindungen der Familie H. in das Operationsgebiet;

Zwischendurch geschwärzt und anonymisiert

Darüber hinaus unterhält die Familie H. seit 1978 postalische und persönliche Kontakte zu der BRD-Bürgerin Schwarz, Gisela
. . .

Bisherige Einreisen der Schwarz zur Familie H. erfolgten in der Zeit

- 9.2.79 - 18.2.79
- 28.3.80 - 8.4.80
- 19.9.83 - 27.9.83

- 19.4.84 - 3.5.84
- 17.12.84 - 7.1.85

Zu den erste Einreisen benutzte die Schwarz einen PKW „Renault", lindgrün, pol. Kennzeichen LU-TL 781, ZPDB -V- eingespeichert.

Während der Einreise vom 19.9. bis 27.9.1983 wurde die Schwarz durch zielgerichteten IM-Einsatz unter Kontrolle gehalten. Es wurden konspirativ Fotos von der Schwarz, deren Gastgeberin, H., Maria, mit Kindern sowie vom PKW der Schwarz gefertigt. Während der gesamten Einreise benutzte die Schwarz nur einmal den PKW, um mit der Gastgeberin, H., Maria, und zwei Kindern zum Krankenhaus zu fahren. Während der übrigen Zeit stand der PKW stets auf dem gleichen Platz.

Die Schwarz ging an verschiedenen Tagen zu Fuß zum Einkaufen ins Stadtzentrum. Während der gesamten Einreise der Schwarz konnten keine operativ relevanten Handlungen festgestellt werden. Zu den letzten beiden Einreisen benutzte die Schwarz die Bahn.

Zum Charakter der Verbindung

1978 gab die Schwarz auf dem Einreiseantrag zum Verwandtschaftsverhältnis an: Urlaubsbekanntschaft. Zum jetzigen Zeitpunkt wird von der Schwarz bei der Einreise ein

Verwandtschaftsverhältnis 4. Grades angegeben. Das liegt darin begründet, daß die
Schwarz die Patenschaft für das jüngste
Kind der Familie H., Elisabeth, geb.
28.6.1983, übernommen hat.

Die Verbindung zwischen der Familie H.
und der Schwarz basiert auf der Grundlage ge-
meinsamer Interessen, Ansichten, auf
kirchlicher Ebene, denn auch die Schwarz
ist konfessionell gebunden. Sie entstammt
einer Pfarrersfamilie.

Darüber hinaus ist zu berücksichtigen, daß
die Familie H. kinderreich ist und die
Schwarz die Rolle der „guten West-Tante"
verkörpert; denn sie schickt oft Pakete
mit Bekleidung, Süßigkeiten und Spielzeug
bzw. bringt dies persönlich mit.

Im Ergebnis der geführten Ermittlungen
wird zum jetzigen Zeitpunkt eingeschätzt:

Die Version des Einleitungsberichtes zur
OPK, wonach die Verbindungen und Kontakte
zur Familie H. durch die BRD-Bürger gezielt entwickelt und aufrechterhalten werden, um den H. zu Informationen, die er
während seiner Einsätze in MfS-Objekten
erlangt, abzuschöpfen, wurde nicht bestä-
tigt.

Es wird vorgeschlagen:

1. Die OPK wird in der Abt. XII
der BV Cottbus – nicht gesperrt –
zur Ablage gebracht.
2. Ist geschwärzt

Leiter der Abteilung
Knuth, Oberleutnant
Klinger Unterleutnant

Abschrift Ende

Gedanken zur Stasi

Bewusst habe ich für Giselas Akte die wortwörtliche Wiedergabe gewählt in Form von Abschriften, um zu zeigen, wie genau die Stasi unseren Alltag beobachtete und welche Methoden sie anwendete. Die Ausdrucksweise allein sagt schon viel über die nicht vorhandene Achtung gegenüber den Personen, die ins Visier der Stasi gelangten.

Wie viele Menschen und wie viel Zeit dafür verwendet wurde, andere Menschen zu beobachten und zu bespitzeln! Und wie selbst deren Intimsphäre genauestens überwacht wurde.

Zwei ganze Jahre standen wir unter akribischer Beobachtung. Unsere Pakete und Briefe wurden geöffnet und kontrolliert. Menschen im engsten Umfeld wurden benutzt, um an Informationen zu kommen! Die Stasi-Formulierung mit „legendierter Ansprache" heißt nichts anderes als *unter falschem Vorwand!* Trotzdem haben die Schnüffler nicht alles erfahren und so manches blieb unter dem Radar.

Im Ergebnis dieser Lektüre bin ich hin- und hergerissen, ob ich nicht doch meine Stasi-Akte einsehen sollte. Will ich das? Ich könnte Dinge erfahren, die ich vielleicht gar nicht wissen möchte. Wer war unter den Spitzeln? Freunde, Familienangehörige, Nachbarn? Wenn ich das heute erfahre, was nützt es mir? Wird es mich nicht zusätzlich belasten? Schon allein das Lesen dieser Unterlagen von Gisela wühlt mich auf!

Vielleicht wäre meine Akte für unsere Kinder oder Enkel interessant, wenn wir mal nicht mehr sind? Im Zweifelsfalle können sie selbst entscheiden, ob sie einen Antrag stellen wollen. Ich werde jedenfalls noch lange gründlich darüber nachdenken.

Übrigens, die Abhöraktion bei uns, wenn sie denn stattgefunden hat, fällt genau in den Zeitraum, als Maria und ich mit der PGH Bedachung auf Betriebsausflug in Prag waren. Felix, Tobias und Raphaela hatten wir in der Verwandtschaft untergebracht. Gisela war mit der noch ganz kleinen Elisabeth alleine in der Wohnung. Was man da Interessantes abhören konnte? Vielleicht ist das auch der Grund, warum Elisabeth sehr spät angefangen hat zu sprechen. Vielleicht hat sie geahnt, dass Worte manchmal besser nicht gesprochen werden.

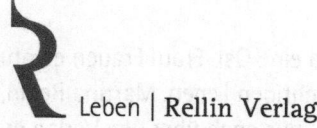

Leben | Rellin Verlag

 # Ein etwas anderer Verlag. Der Rellin Verlag wurde gegründet im Jahr 2011, einzig um mein Buch „Klar bin ich eine Ost-Frau!" (Rowohlt Berlin, 2004) wieder als schöne Hardcover-Ausgabe verfügbar zu machen. Aber dann tauchte Johannes Heine mit seinem Tagebuch-Aufzeichnungen aus der Zeit seiner Krebserkrankung in der **Rellin Schreibwerkstatt** auf und schnell war klar: Wir machen sein Buch gemeinsam – 2019 im Rellin Verlag.

Ich startete die Reihe **Leben | Rellin Verlag**, denn ich ahnte: Da gibt es noch das eine oder andere weitere passende Manuskript „direkt aus dem Leben" in der Pipeline der Autorinnen und Autoren der Schreibwerkstatt. Passend heißt: Das Buchprojekt hat ein Thema, das für bestimmte Leserinnen und Leser wichtig ist, und ich brenne dafür, dass sie das Buch dazu finden können – und zwar genau so, wie Autor und Verlegerin sich das vorstellen. Das bedeutet zum Beispiel: dass wir uns auf den Kopf stellen, um auch für „schwierige" Themen Lesungen zu organisieren. Das zweite Buch in der Reihe wurde prompt „Kein Licht der Welt. Die Geschichte einer Stillen Geburt". Carola Kalks erzählt – gestützt auf eigene Erfahrung – die Geschichte von Conny, die nach dem Verlust ihres Kindes, liebevoll begleitet von ihrem Ehemann, ins Leben zurückfindet.

Du möchtest wissen, was noch in besagter Pipeline ist? Nun, besondere Bücher zu Diabetes und Parkinson zum Beispiel.

Das bisherige Verlagsprogramm steht auf den nächsten Seiten.

Mehr Infos zu aktuellen Terminen von Verlag (Lesungen) und Schreibwerkstatt (Trainings) findest du im Internet unter www.rellinverlag.de

Viel Freude beim Lesen wünscht

Martina Rellin

Klar bin ich eine Ost-Frau! Frauen erzählen aus dem richtigen Leben. Martina Rellin, 278 Seiten, nur noch über den Verlag erhältlich (info@martinarellin.de), gerne mit Widmung, wählen Sie zwischen roter oder schwarzer Innenausstattung.

Im Original bei Rowohlt Berlin erschienen (Spiegel-Bestseller) bietet diese Neuauflage bis heute ein pralles Spektrum Frauen-Leben: von der Verwaltungsangestellten mit Liebhaber über die zupackende Gastwirtin in Lubmin bis zu der jungen Frau, die ihre Ost-Wurzeln erst im Westen entdeckt. Ein Klassiker zu DDR und Nachwendezeit.

Ein Mann steigt seinem Krebs aufs Dach. Das Mutmach-Tagebuch. Johannes Heine & Martina Rellin, 380 Seiten, 2019. ISBN 979-3-9814798-1-2.

Johannes Heine, Dachdeckermeister aus Grimma, kannte das Hamsterrad Arbeit nur zu gut – bis er die Krebsdiagnose bekam. Er schrieb Tagebuch, um mit allem besser klarzukommen. Ein Buch, das gerade Männern Gesprächspartner ist.

Kein Licht der Welt. Die Geschichte einer Stillen Geburt. Carola Kalks, 56 Seiten, Nov. 2022. ISBN 978-3-981479836.

Einfühlsam erzählt Carola Kalks die Geschichte von Conny und Michael, die nach der Geburt ihres toten Kindes wieder ins Leben zurückfinden. Das Buch beruht auf eigenem Erleben der Autorin.

Amors Kirschkern. Brigitte Luber, April 2023, ISBN 978-3-798-5-0.
„Das muss man sich mal geben. Erst starrt er mich an, bis ich mich ganz nackig fühle, und dann schleicht er sich heimlich ran und spuckt mit Kirschkernen mit mir. Nach einer kurzen und heftigen Affäre stellt sich für Sean und Ricarda die Frage: Kann, darf und wird aus dieser Sommerliebe mehr werden?

Tauchnitzhaus. Annegret Schowalter, April 2023, ISBN 978-3-9814798-6-7.
Angelika schlängelt sich durch – auf der Suche nach Leben, Liebe, Leidenschaft. Und dann ist da noch – Gelis Sehnsucht nach dem Westen ... Ein Roman aus DDR-Zeiten in einer sächsischen Kleinstadt.

Im Rudel Hund – Mensch. So räumt Ihr Missverständnisse aus. Simone Müller, 63 Seiten, April 2023. ISBN 978-3-9814798-7-4. Überforderten Hunden
und ihren verzweifelten Familien helfen – das ist die Leidenschaft von Moni Müller. Ihr Patenrezept für ein gutes Miteinander: Die Sicht der Wölfe. Ihre Tipps aus langjähriger Praxis wirken Wunder und lassen sich leicht umsetzen.

Alle aktuellen Bücher im Handel.
Infos zu Lesungen, Lust auf signierte Bücher?
www.rellinverlag.de, info@rellinverlag.de

Johannes Heine

Nie hätte seine Lehrerin gedacht, dass Johannes
Heine ein Buch schreiben würde. Und
dies ist schon sein zweites nach *Ein
Mann steigt seinem Krebs aufs
Dach. Das Mutmach-Tagebuch.*
Hannes lebt mit seiner Frau Maria
in der schönen Muldenstadt
Grimma und findet neben dem
Schreiben sogar noch Zeit für seine elf Enkelinnen
und Enkel, den Faschingsclub, den Stadtrat und vie-
les mehr.